O IMPACTO DAS COTAS

Duas décadas de ação afirmativa no ensino superior brasileiro

Luiz Augusto Campos
Márcia Lima
Organizadores

O IMPACTO DAS COTAS

Duas décadas de ação afirmativa no ensino superior brasileiro

autêntica

Copyright © 2025 Luiz Augusto Campos, Márcia Lima
Copyright desta edição © 2025 Autêntica Editora

Todos os direitos reservados pela Autêntica Editora. Nenhuma parte desta publicação poderá ser reproduzida, seja por meios mecânicos, eletrônicos, seja via cópia xerográfica, sem a autorização prévia da Editora.

COORDENADORA DA COLEÇÃO
Nilma Lino Gomes

CONSELHO EDITORIAL
Marta Araújo (Universidade de Coimbra); Petronilha Beatriz Gonçalves e Silva (UFSCAR); Renato Emerson dos Santos (UERJ); Maria Nazareth Soares Fonseca (PUC Minas); Kabengele Munanga (USP)

EDITORAS RESPONSÁVEIS
Rejane Dias
Cecília Martins

REVISÃO
Aline Sobreira

CAPA
Alberto Bittencourt
(Sobre imagem de Kika Carvalho)

DIAGRAMAÇÃO
Guilherme Fagundes

Dados Internacionais de Catalogação na Publicação (CIP)
(Câmara Brasileira do Livro, SP, Brasil)

O impacto das cotas : duas décadas de ação afirmativa no ensino superior brasileiro / Luiz Augusto Campos, Márcia Lima (organizadores). -- Belo Horizonte, MG : Autêntica Editora, 2025. -- (Cultura Negra e Identidades)

ISBN 978-65-5928-533-4

1. Ações afirmativas 2. Democratização da educação 3. Desigualdades escolares 4. Diversidade 5. Educação 6. Ensino superior - Brasil 7. Universidades públicas - Brasil I. Campos, Luiz Augusto. II. Lima, Márcia. III. Série.

25-253238   CDD-379.260981

Índices para catálogo sistemático:
1. Brasil : Inclusão social : Cotas : Universidades públicas : Política educacional 379.260981

Eliane de Freitas Leite - Bibliotecária - CRB 8/8415

Belo Horizonte
Rua Carlos Turner, 420
Silveira . 31140-520
Belo Horizonte . MG
Tel.: (55 31) 3465 4500

São Paulo
Av. Paulista, 2.073. Conjunto Nacional
Horsa I . Salas 404-406 . Bela Vista
01311-940 . São Paulo . SP
Tel.: (55 11) 3034 4468

www.grupoautentica.com.br
SAC: atendimentoleitor@grupoautentica.com.br

9 **Prefácio**
Nilma Lino Gomes

15 **Nota editorial do Nexo Políticas Públicas**
Paula Miraglia, Ana Miraglia

19 **Introdução**
Um panorama das cotas no ensino superior
Luiz Augusto Campos, Márcia Lima

PARTE I ──────────────────────────
A história da ação afirmativa no Brasil

49 **As políticas de ação afirmativa em cursos de graduação**
Anna Venturini

55 **O espírito das ações afirmativas na era pré-cotas**
Andréa Lopes da Costa

59 **Modelos de ação afirmativa em vigor no Brasil**
*Jefferson Belarmino de Freitas, Fernanda Gonçalves, Juliana Flor,
Izabele Sá, João Feres Júnior*

65 **Modelos de ação afirmativa para indígenas**
*Jefferson Belarmino de Freitas, Poema Portela, João Feres Júnior,
Juliana Flor*

71 **Projetos de lei de cotas nas últimas três décadas**
Natália Neris

75 **O que as pesquisas dizem sobre as ações afirmativas
no ensino superior?**
*Luiz Augusto Campos, Júlia Hirschle, Márcia Lima, Poema Portela,
Fernanda Gonçalves*

PARTE II

A história da ação afirmativa em cada caso

83 **Linha do tempo das ações afirmativas na Uerj**
Poema Portela, Luiz Augusto Campos

87 **Linha do tempo das ações afirmativas na UnB**
Joaze Bernardino-Costa

95 **Linha do tempo das ações afirmativas na UFBA**
Yuri Santos de Brito

101 **Linha do tempo das ações afirmativas na Unicamp**
José Alves de Freitas Neto

105 **Linha do tempo das ações afirmativas na UFMG**
Ana Paula Karruz

111 **Linha do tempo das ações afirmativas na UFRJ**
Felícia Picanço, Marianna Assis, Daniela Santa Izabel, Vivian Nascimento, Gustavo Bruno de Paula

117 **Linha do tempo das ações afirmativas na UFSC**
Marcelo Henrique Romano Tragtenberg

PARTE III

Impactos gerais das ações afirmativas no ingresso de estudantes

125 **A diversificação racial e econômica do ensino superior**
Adriano Souza Senkevics

129 **A diversificação racial e econômica do ensino superior público**
Luiz Augusto Campos, Filipe de Oliveira Peixoto

135 **A diversificação racial e econômica das universidades federais**
Adriano Souza Senkevics, Ursula Mattioli Mello

141 **Quais cursos de graduação foram mais transformados pelas cotas?**
Adriano Souza Senkevics, Ursula Mattioli Mello

PARTE IV ——————————————————

O perfil dos estudantes de cada universidade

149 **O perfil dos estudantes da Uerj**
Luiz Augusto Campos, Juliana Marques

155 **O perfil dos estudantes da UnB**
Juliana Marques, Luiz Augusto Campos

161 **O perfil dos estudantes da UFBA**
Caio Vinicius dos Santos Silva

167 **O perfil dos estudantes da Unicamp**
Ana Maria F. Almeida, Rafael Pimentel Maia, José Alves de Freitas Neto

173 **O perfil dos estudantes da UFMG**
*Gustavo Bruno de Paula, Bréscia França Nonato, Cláudio Marques
Martins Nogueira*

177 **O perfil dos estudantes da UFRJ**
*Felícia Picanço, Marianna Assis, Daniela Santa Izabel,
Vivian Nascimento*

185 **O perfil dos estudantes da UFSC**
*Marcelo Henrique Romano Tragtenberg, Thamara Hübler Figueiró,
Antonio Fernando Boing*

PARTE V ——————————————————

Desempenho, permanência e evasão dos estudantes

191 **Evasão de cotistas e não cotistas nas universidades federais**
Melina Klitzke, Rosana Heringer

197 **O desempenho dos cotistas da UFBA**
Caio Vinicius dos Santos Silva

203 **O desempenho dos cotistas da UFMG**
Ana Paula Karruz, Flora de Paula Maia

209   O desempenho dos cotistas da UFSC
Marcelo Henrique Romano Tragtenberg, Marcelo Eduardo Borges,
Antonio Fernando Boing

213   Os cotistas da UFRJ evadem mais que os não cotistas?
Felícia Picanço, Marianna Assis, Daniela Santa Izabel, Vivian
Nascimento, Gustavo Bruno de Paula

221   A Lei de Cotas democratizou os cursos de maior prestígio?
O caso da UFBA
Claudia Monteiro Fernandes

227   A urgência do debate sobre permanência: o caso da UFBA
Edilza Correia Sotero

PARTE VI

Outras dimensões das ações afirmativas no ensino superior

235   Universidade e mobilidade indígena
José Maurício Arruti, Chantal Medaets, Flávia Longo

241   O crescimento da presença indígena no ensino superior
Chantal Medaets, José Maurício Arruti, Flávia Longo

247   A interseção entre renda, raça e desempenho no Enem
Flavio Carvalhaes, Adriano Souza Senkevics, Carlos Antônio
Costa Ribeiro

253   O que os Estados Unidos têm a aprender com as
ações afirmativas no Brasil?
Erich Dietrich

257   Agradecimentos

259   Sobre as autoras e os autores

Prefácio

Apesar das crises políticas, da pandemia de covid-19, da ascensão da extrema direita, do desmonte de políticas sociais entre os anos 2016 e 2022 e da constituição de um Congresso Nacional com maioria de direita e extrema direita, as ações afirmativas resistem e produzem resultados concretos.

Fruto da luta do movimento negro educador, cada vez mais essas políticas vêm impactando a sociedade e produzindo mudanças significativas na educação superior brasileira.

Desde o início dos anos 2000, quando as primeiras experiências de ações afirmativas passaram a ser implementadas na sua modalidade mais radical, a saber, as cotas, houve avanço na inclusão de negros, indígenas, estudantes de escolas públicas, pessoas com deficiência e de baixa renda nas instituições de ensino superior brasileiras.

As ações afirmativas têm potencial transformador. Elas não apenas ampliam o acesso à universidade, mas provocam mudanças nas práticas pedagógicas e curriculares, desestabilizando estruturas excludentes do sistema educacional. São políticas que desafiam a lógica da exclusão e garantem o direito de presença nos espaços historicamente negados a determinados grupos sociais.

Neste momento de reconstrução democrática, é urgente defender uma democracia que acolha a diversidade. Lutar por ações afirmativas não é "identitarismo", como alegam alguns críticos. É, acima de tudo, lutar por direitos fundamentais: à existência, à dignidade, à representatividade e à vida.

As primeiras iniciativas de adoção das cotas nos cursos de graduação das instituições públicas de educação superior vieram de universidades pioneiras, como a Universidade do Estado da Bahia (Uneb) e a Universidade do Estado do Rio de Janeiro (Uerj), ambas em 2002. A Uneb também foi precursora na adoção das cotas na pós-graduação.

Essa percepção de que as desigualdades na educação superior não seriam superadas sem a inclusão da pós-graduação foi se ampliando e passou a fazer parte do debate acadêmico. Aos poucos, as instituições públicas passaram a adotar cotas nesse setor.

As instituições federais de educação superior se mostraram muito resistentes diante da adoção das cotas na pós-graduação. Tal situação só conseguiu ser atenuada, a partir de 2016, devido à Portaria Normativa MEC n.º 13/2016, que induziu a inclusão de pretos, pardos, indígenas e pessoas com deficiência na pós.

Nas instituições federais, as cotas na graduação só passaram a ser institucionalizadas mediante a aprovação da Lei n.º 12.711/2012, consolidando um processo que se iniciou em instituições estaduais. Essa lei, debatida durante anos, gerou muitas resistências dos setores conservadores da sociedade e do Congresso Nacional. Ela só se tornou uma realidade depois de um longo e intenso debate e da decisão do Supremo Tribunal Federal (STF), em 2012, quando foi provocado a opinar e julgar essa matéria, decidindo unanimemente pela constitucionalidade do princípio das ações afirmativas.

A Lei n.º 12.711/2012 impulsionou o acesso de estudantes historicamente excluídos – negros, indígenas, quilombolas, pessoas com deficiência e de baixa renda – à graduação, promovendo um novo panorama democrático.

Essa lei foi atualizada, em 2023, pela Lei n.º 14.723, a qual trouxe mudanças significativas no modelo de implementação e acompanhamento, com o objetivo de aprimorar os critérios de acesso e fortalecer o compromisso com a equidade na educação superior pública. Entre as principais alterações, destacam-se a nova sistemática de classificação dos candidatos às cotas, que passam a disputar também na ampla concorrência; a previsão de monitoramento e avaliação periódica da política, bem como a ampliação dos órgãos responsáveis por ela; a prioridade dos cotistas no acesso ao auxílio estudantil; a revisão do critério de renda; a expansão da política para a pós-graduação; a inclusão de estudantes quilombolas.

Com todas as suas tensões e desafios, as ações afirmativas expandiram a defesa da educação superior pública como um direito e não como privilégio. Elas revelam que nenhuma instituição pública cumpre plenamente sua missão se não representar, de forma equânime, a diversidade étnica, racial, social e de gênero do país. Quando isso não ocorre, reforça-se a elitização do conhecimento, negando sua função democrática.

Após a adoção das ações afirmativas, em especial na modalidade cotas, as instituições federais de educação superior passaram a se posicionar mais firmemente diante das desigualdades – não apenas em discursos, mas em práticas concretas na gestão acadêmica, nos currículos, nas políticas de permanência, na criação de Pró-Reitorias de Ações Afirmativas, nos critérios de distribuição de recursos, nas normas disciplinares, na pesquisa, na extensão, na internacionalização, no combate a violações de direitos, no enfrentamento do racismo, da LGBTfobia e do machismo.

A diversidade presente nas universidades nos leva a refletir sobre a relação entre justiça social e justiça cognitiva. O ingresso de sujeitos historicamente marginalizados na educação superior coloca em diálogo seus saberes ancestrais, comunitários e de resistência com o conhecimento científico tradicional.

Essa tensão tem exigido das áreas do conhecimento uma urgente ressignificação sobre o que entendemos por produção do saber. Experiências acadêmicas diversas têm dialogado com o eixo Sul do mundo, questionando o colonialismo epistêmico e promovendo uma produção voltada à superação do epistemicídio.

Os sujeitos das ações afirmativas se afirmam vivos – políticos e produtores de conhecimento. Eles trazem outras epistemologias: negras, indígenas, feministas, quilombolas, LGBTQIAP+, do campo e das periferias. Tais epistemes abalam estruturas de exclusão e criam espaços de disputa dentro das instituições.

Ao observarmos os cursos de pós-graduação, os trabalhos de conclusão de curso (TCCs), os seminários, as bolsas de produtividade e as linhas de pesquisa, notamos um crescimento expressivo da diversidade, especialmente nas ciências humanas e sociais. O próprio conceito de assistência estudantil foi ressignificado, culminando na criação de pró-reitorias específicas para ações afirmativas.

A Lei n.º 12.711/2012 representa uma inflexão crucial no enfrentamento das desigualdades educacionais ao incorporar uma perspectiva interseccional – social, política, cultural, econômica e étnico-racial – inédita em um país tão desigual quanto o Brasil.

Mais do que garantir o acesso, as cotas transformam a universidade por dentro. Elas introduzem novos sujeitos, novos saberes e formas plurais de produzir ciência. Mas não sem conflitos: há enfrentamentos com estruturas classistas, racistas e sexistas. Há confronto com a branquitude e com a noção elitista de excelência acadêmica.

As ações afirmativas não apenas ampliam o acesso, mas possibilitam o trânsito entre diferentes visões de mundo, políticas e projetos de emancipação social. São saberes forjados na luta por existência, por dignidade. Um cenário impensável na educação superior brasileira dos anos 1980 e 1990, quando nem sequer se imaginava indagar a branquitude nem exigir das universidades posicionamento político explícito de combate ao racismo e tantos outros fenômenos perversos.

Em resumo, as ações afirmativas representam a mais profunda inflexão na democratização da educação superior brasileira. Elas ressignificam a gramática política e acadêmica ao consolidarem esse nível de ensino como um direito, especialmente para aqueles que, historicamente, foram excluídos dos espaços de poder e decisão. Reafirmar o princípio constitucional das ações afirmativas é essencial. O Supremo Tribunal Federal já as reconheceu como legítimas e válidas em 2012, pois compreendeu que elas refundam o pacto democrático nacional.

O livro aqui apresentado aborda justamente o impacto das cotas. Por meio de um minucioso e competente trabalho de tantas pesquisadoras e pesquisadores negros e não negros, a obra compreende que defender a democratização da ciência sem abraçar a luta antirracista é uma contradição. Sim, um dos impactos da política de cotas é o combate ao racismo, mas não apenas. Elas também contribuem para o combate ao capacitismo, ao etnocentrismo, ao capitalismo arraigado nas formas privatistas de se fazer ciência que cada vez mais se ampliam em nosso país.

O impacto das cotas desafia-nos a refletir sobre o quanto essa modalidade de ação afirmativa, ao ser implementada, é um enfrentamento aos sistemas de opressão, especialmente diante do crescimento da extrema direita, do fascismo, do neonazismo e do racismo no mundo.

Durante os governos federais de cunho negacionista e de extrema direita, de 2018 a 2022, não houve o monitoramento sistemático previsto no Artigo 6º da Lei de Cotas. Iniciativas de avaliação, como as da Defensoria Pública da União (DPU), da Associação Brasileira de Pesquisadores(as) Negros(as) (ABPN), do Consórcio de Acompanhamento da Ação Afirmativa (CAA), bem como de diversos outros grupos e universidades, mostraram avanços, mas também revelaram a precariedade dos mecanismos oficiais que precisam de maior integração sistêmica.

O livro em questão é uma contribuição para preencher essa lacuna. A publicação revela que, sem dados consistentes, qualquer avaliação da Lei de Cotas será incompleta. Esse é um dos aspectos importantes desta obra.

Podemos ver esse cenário, com avanços e limites, sendo construído em nosso país, mesmo em tempos de democracia em risco. As cotas têm provocado impactos significativos na educação superior e na sociedade como um todo, reeducando-as e tornando-as mais coerentes com a diversidade constituinte do povo brasileiro.

Que os ventos da democracia nos inspirem a manter as universidades públicas não apenas diversas, mas também acolhedoras, com condições estruturais, políticas, curriculares, científicas, pedagógicas e humanas adequadas para que todos se sintam pertencentes. E para que os diversos saberes, especialmente dos sujeitos das ações afirmativas, ocupem com dignidade o lugar que sempre lhes foi negado na produção científica.

Nilma Lino Gomes
Professora titular emérita da UFMG
Março de 2025.

Nota editorial do Nexo Políticas Públicas

Paula Miraglia
Ana Miraglia

Depois de uma década em vigor, a chamada Lei de Cotas deveria passar por uma revisão, prevista para 2022. Além de uma oportunidade de balanço, esse era também um momento de disputa. Na época, manifestações tanto no Executivo quanto no Legislativo enfatizavam um ambiente institucional hostil às políticas de cotas.

Apesar disso, era claro que as cotas haviam transformado o perfil das universidades brasileiras e contribuído para ampliar a reflexão sobre o caráter e o potencial das ações afirmativas em diversos outros campos para além da educação. Ao longo desses anos, os debates sobre ações afirmativas e sobre a questão racial como um todo ganharam corpo e relevância na sociedade brasileira, muito em razão dos esforços do movimento negro e da ampliação do espaço para o tema na academia.

A maior visibilidade desse tipo de política trouxe também maior escrutínio. Junto às transformações e às conquistas dos estudantes cotistas e das instituições acadêmicas, a falta de informação e até uma distorção dos princípios que sustentam as ações afirmativas deixaram o debate mais complexo e por vezes desinformado.

Diante desse contexto, não existe melhor antídoto do que evidências. Assim, quando os professores Luiz Augusto Campos e Márcia Lima nos propuseram desenvolver uma série sobre os 10 anos da Lei de Cotas no Nexo Políticas Públicas, a plataforma acadêmico-jornalística do *Nexo Jornal*, imediatamente aceitamos e apoiamos a ideia.

O Grupo de Estudos Multidisciplinares da Ação Afirmativa do Instituto de Estudos Sociais e Políticos da Universidade do Estado do Rio de Janeiro

(Gemaa/Iesp-Uerj) e o Núcleo de Pesquisa e Formação em Raça, Gênero e Justiça Racial do Centro Brasileiro de Análise e Planejamento (Afro Cebrap), centros dos quais Luiz e Márcia são, respectivamente, coordenadores, são parceiros acadêmicos do Nexo Políticas Públicas, que tem o Instituto Ibirapitanga como um dos apoiadores do tema "questão racial" na plataforma. Os dois centros de pesquisa já vinham produzindo um sólido conjunto de materiais sobre a questão racial no Brasil, abordando temáticas diversas da cultura à política nacional, incluindo saúde, justiça, entre outras. Educação também era um dos assuntos tratados, e olhar para a Lei de Cotas e seus impactos seria um aprofundamento pertinente e necessário para o processo de revisão da lei vigente. Era uma forma também de produzir e organizar informações a partir dos resultados de pesquisa para enfrentar potenciais ameaças de retrocesso nessa agenda.

Editorialmente, o desafio era definir um formato que reunisse as diferentes análises, de modo que a série de textos pudesse ser facilmente atualizada e complementada com novos materiais produzidos ao longo dos meses. Ao mesmo tempo, era importante que os conteúdos pudessem ser compartilhados como um conjunto. Propusemos desenvolver o Índex Cotas no Ensino Superior, repositório que vem reunindo, desde o seu lançamento, textos produzidos pelo consórcio formado por pesquisadores com diversas formações e de diferentes regiões e instituições do país.

Até o momento, o Consórcio de Acompanhamento das Ações Afirmativas, coordenado pelo Gemaa/Iesp-Uerj e pelo Afro Cebrap, já produziu cerca de 50 materiais com análises sobre temas centrais dos debates sobre a Lei de Cotas no Brasil: o desempenho dos alunos cotistas, a permanência/ taxa de evasão destes em universidades, em quais cursos mais ingressaram nos últimos anos e a própria história de como se deu a implementação da Lei de Cotas em diferentes instituições de ensino superior no país.

As análises refutam preconceitos, desinformação e temores infundados de alguns argumentos contrários à implementação da Lei de Cotas no ensino superior brasileiro. Demonstram como essa legislação garantiu espaço para que avanços incontestáveis ocorressem na educação superior e no combate à desigualdade racial nas universidades públicas brasileiras.

Os textos demonstram, com dados e evidências, como ampliar a diversidade racial e de perfil econômico nas universidades vem tendo impacto positivo não apenas para os próprios alunos cotistas, obviamente, mas também para as instituições e a sociedade em geral.

Desde o seu lançamento, o principal objetivo do Nexo Políticas Públicas foi sempre contribuir com o debate público sobre temas centrais para o país, com materiais de qualidade, em linguagem clara e em formatos inovadores. O Índex Cotas no Ensino Superior se apoia em todas essas premissas.

Com mais de 80 mil visualizações, o índex foi vencedor do Prêmio de Divulgação Científica em Ciências Sociais de 2022 da Associação Nacional de Pós-Graduação e Pesquisa em Ciências Sociais (Anpocs), um importante reconhecimento da iniciativa, pela sua inovação na forma de levar a produção acadêmica a um público mais amplo e pela relevância dos temas abordados.

Uma parte importante das análises passa pela apresentação de dados. Estes tiveram um tratamento especial pela equipe de infografia do *Nexo Jornal*, o que contribuiu enormemente para uma melhor visualização e comunicação das informações. Diferentes pessoas, que já fizeram ou ainda fazem parte da equipe de infografia do *Nexo*, participaram, de alguma maneira, da produção dos gráficos apresentados nos textos do índex. Em ordem alfabética, são elas: Amanda Fonseca, Caroline Souza, Gabriel Maia, Gabriela Sales, Giovanna Hemerly, Larissa Redivo, Lucas Gomes, Mariana Froner e Nicholas Pretto, sob a coordenação do editor Gabriel Zanlorenssi.

Para nós, é uma honra e uma alegria imensa ter o Gemaa/Iesp-Uerj e o Afro Cebrap como parceiros e poder realizar com eles o projeto do Índex Cotas no Ensino Superior, que agora terá o desdobramento nesta publicação, de enorme importância para o debate sobre diversidade racial e democratização da educação no Brasil.

Esperamos que, com este livro, mais pessoas tenham acesso aos dados e às análises já consolidados e que o debate sobre cotas na educação superior siga avançando na direção certa, com base em evidências e na produção científica, sem nenhum retrocesso ao longo do caminho.

INTRODUÇÃO[1]
Um panorama das cotas no ensino superior

Luiz Augusto Campos
Márcia Lima

As políticas de cotas mudaram a cara da universidade brasileira. Dominadas por estudantes brancos e de classe média e alta até os anos 1990, esses espaços paulatinamente começaram a se abrir para estudantes pobres, pretos, pardos e indígenas, no início dos anos 2000. Hoje esses grupos são majoritários em seu interior. Para além disso, as cotas mudaram o modo como se dava o debate em torno das questões raciais no país. Outrora pensado como uma democracia racial, o Brasil passou a contestar o caráter harmônico de sua população e a enfrentar politicamente os efeitos do racismo em sua estrutura social.

Apesar desses inegáveis méritos, os impactos concretos das cotas no país ainda carecem de mais investigações, em especial de dados consolidados das instituições federais de ensino superior e informações sobre a transição da universidade para o mercado de trabalho. A história do seu advento ainda apresenta pontos nebulosos, bem como os caminhos que levaram à sua consolidação. Mas é nos dados relativos às próprias universidades e ao ensino superior que encontramos as maiores lacunas. Perguntas simples como quantos e quais os tipos de cotista o Brasil tem hoje no ensino superior ou quantos deles já se formaram ainda permanecem sem uma resposta clara e assertiva.

---

[1] Esta introdução se baseou, em grande medida, em outro texto publicado por nós: LIMA, Márcia; CAMPOS, Luiz Augusto. Apresentação: Inclusão racial no ensino superior: impactos, consequências e desafios. *Novos Estudos Cebrap*, Dossiê Raça, Desigualdades e Políticas de Inclusão, v. 39, n. 2, p. 245-254, maio-ago. 2020. DOI: 10.25091/s01013300202000020001.

Quais têm sido os impactos concretos das políticas de ação afirmativa no ensino superior público? Elas têm dado certo? Este livro reúne mais de 30 textos de cerca de 40 especialistas no tema para ajudar a responder essas perguntas. Apesar da formulação simples, essas questões exigiram estratégias de pesquisa complexas. Infelizmente, o Brasil não dispõe de um sistema de dados unificados do ensino superior, o que nos obrigou a compatibilizar estimativas distintas com fontes de dados diferentes.

Isso só foi possível graças ao trabalho combinado de vários especialistas na questão, reunidos no Consórcio de Acompanhamento das Ações Afirmativas, uma articulação que reuniu oito grupos de pesquisa de diferentes universidades brasileiras espalhadas pelo do país. Sob a coordenação do Afro Cebrap e do Gemaa/Iesp-Uerj, o consórcio iniciou seus trabalhos ainda em 2021 com o objetivo de levantar, sistematizar e analisar diferentes dados sobre os resultados e os impactos das ações afirmativas no ensino superior, de múltiplas perspectivas.

Nesta introdução, resumimos os principais resultados encontrados pelo consórcio. Na primeira parte, apresentamos o percurso histórico das ações afirmativas no ensino superior, dos primeiros projetos do tipo, ainda na década de 1980, até os dias atuais. A segunda parte analisa os impactos das políticas de cotas na mudança do perfil econômico e racial dos ingressantes no ensino superior brasileiro. Como veremos, a combinação entre ações afirmativas e expansão das matrículas remodelou todo o sistema na primeira década do século XXI. Na terceira parte, discutimos os dados dos ingressantes de algumas das universidades incluídas no consórcio. A ideia aqui é mostrar que as políticas de inclusão não foram lineares, promovendo avanços de modo mais intenso em algumas instituições do que em outras. A quarta parte se debruça sobre o desempenho dos cotistas em comparação ao dos não cotistas. O objetivo aqui é mostrar como a expectativa de que cotistas teriam uma performance inferior não se confirmou. Na quinta parte, discutimos as mudanças recentes das políticas de cotas no Brasil e alguns desafios que ainda devem persistir. A última seção desta introdução apresenta o plano geral do livro.

A história das cotas no Brasil

Os primeiros projetos de ação afirmativa no ensino superior datam ainda do período da redemocratização, no início dos anos 1980. Como mostra Natália Neris em "Projetos de lei de cotas nas últimas três décadas", Abdias Nascimento foi autor de um dos mais amplos projetos de ação afirmativa de que se tem notícia, quando ainda era deputado, em 1983. Um dos maiores e mais longevos militantes do movimento negro brasileiro, Abdias havia retornado ao Brasil do exílio e já propunha um complexo sistema de reserva de vagas e compensações financeiras para a população negra brasileira.

No entanto, é somente nos anos 1990 que o debate sobre esse gênero de política se intensifica, em grande medida por pressão do movimento negro. Em meados dessa década, o movimento começou a organizar uma grande marcha para Brasília com o objetivo de pressionar o Estado pela adoção de políticas mais ousadas de combate ao racismo. A Marcha Zumbi dos Palmares levou milhares de ativistas para a capital federal e, com eles, uma proposta ampla de medidas compensatórias. Como resposta, o governo do então presidente Fernando Henrique Cardoso organizou o primeiro Grupo de Trabalho Interministerial (GTI) para a Valorização da População Negra, ainda em 1995, um dos temas discutidos por Andréa Lopes da Costa em "O espírito das ações afirmativas na era pré-cotas". Em 1996, foi criado o Grupo de Trabalho para a Eliminação da Discriminação no Emprego e na Ocupação (GTEDEO), que ajudou a organizar o Seminário Internacional Multiculturalismo e Racismo: o Papel da Ação Afirmativa nos Estados Democráticos Contemporâneos, composto, basicamente, por acadêmicos incumbidos de pensar um modelo de ação afirmativa no Brasil.

A despeito dessas iniciativas, o governo FHC avançou pouco no tema. Algumas das edições do Programa Nacional de Direitos Humanos (PNDH) traziam incentivos para o combate ao racismo, mas nada muito concreto. Apesar da intensa mobilização negra no período, o clima ao final dos anos 1990 era de melancolia. Tudo isso contribuiu para que as diferentes entidades do movimento negro investissem na organização para a Conferência de Durban. Como mostra Anna Venturini em "As políticas de ação afirmativa em cursos de graduação", o relatório da conferência endossou a adoção de ações afirmativas por parte dos países-membros, especialmente do Brasil.

Ainda que a Conferência de Durban não tenha tido nenhum efeito direto no governo federal, ela criou um clima político favorável à discussão do racismo brasileiro, particularmente na imprensa. Os grandes jornais do período cobriram extensivamente tanto os preparativos quanto as discussões da conferência em si, destacando, em muitas ocasiões, a ausência de políticas antirracismo no Brasil.

Ao que tudo indica, foi esse "clima" de discussão da temática racial que levou à adoção de cotas pelo estado do Rio de Janeiro. Em novembro de 2001, a primeira lei de cotas raciais do Brasil foi aprovada na Assembleia Legislativa do Estado do Rio de Janeiro. Poema Portela e Luiz Augusto Campos, no texto "Linha do tempo das ações afirmativas na Uerj", discutem os tortuosos eventos que tornaram as universidades estaduais do Rio de Janeiro, especificamente a Universidade do Estado do Rio de Janeiro (Uerj), as primeiras a adotar esse gênero de política.

O advento dessas cotas raciais deu início a uma enorme transformação nas universidades brasileiras, inaugurando uma grande controvérsia pública e modificando o modo como nossas desigualdades eram pensadas. Das universidades do Rio, as cotas se espraiaram para quase todas as universidades públicas do país em menos de uma década. Esse processo conferiu à questão racial um protagonismo incomum, quebrando – como diria Oracy Nogueira – a então vigente etiqueta das relações raciais segundo a qual "não é de bom-tom puxar o assunto da cor" (Nogueira, 2007). Toda uma ideia de nação foi posta em xeque, e passamos a falar como nunca em preconceito, racismo, discriminação e desigualdade. E essa mudança veio para ficar.

O maior impacto, contudo, ocorreu no sistema privado, com a criação do Programa Universidade para Todos (Prouni) em âmbito federal, instituído como lei em janeiro de 2005. A finalidade do programa é conceder bolsas de estudo integrais e parciais em cursos de graduação, presenciais ou a distância, em instituições privadas de educação superior, oferecendo, em contrapartida, isenção de tributos. Porém, regras específicas à adesão ao Prouni foram diferenciadas de acordo com o modelo institucional. O programa contempla beneficiários segundo critérios socioeconômicos e étnico-raciais, além de pessoas com deficiência e professores da rede pública de ensino. A manutenção da bolsa exige uma aprovação mínima nas disciplinas cursadas no semestre/ano. O Prouni destacou-se em sua primeira década de existência pela abrangência e pelo impacto: desde sua criação até o ano 2012, foram concedidas 1.043.351 bolsas de estudos. Entretanto, o Prouni sempre enfrentou problemas relacionados à qualidade das instituições que aderiram ao programa, além do forte viés dos cursos ofertados pelo sistema privado (Lima, 2013).

No caso das instituições federais de ensino superior, a principal iniciativa foi a criação do Programa de Apoio a Planos de Reestruturação e Expansão das Universidades Federais (Reuni). Todas as universidades federais que aderiram a ele apresentaram ao Ministério da Educação (MEC) planos de reestruturação que previam, além do aumento de vagas, medidas como a ampliação ou a abertura de cursos noturnos, o aumento do número de alunos por professor, a redução do custo por aluno, a flexibilização de currículos e o combate à evasão. Em troca, elas receberiam investimentos do governo federal em estrutura e reposição do quadro docente. Como o Prouni, o Reuni também incentivava universidades que adotavam políticas de inclusão, atuando, assim, como principal incentivador da difusão das cotas no país, sobretudo a partir de 2008 (Feres Júnior; Daflon; Campos, 2011).

Em 2010, foi criado o Sistema de Seleção Unificada (Sisu), com o objetivo de unificar o processo de acesso às vagas oferecidas nas instituições federais. A adesão de grande parte das instituições públicas e privadas ao Exame Nacional do Ensino Médio (Enem) e a criação do Exame Nacional de Desempenho dos Estudantes (Enade) e do Sistema Nacional de Avaliação da Educação Superior (Sinaes) completam o rol das iniciativas mais importantes do governo federal para o sistema de ensino superior. Esses processos foram cruciais para as dinâmicas de inclusão e acesso.

Em 2012, após quatro manifestos nacionais – dois favoráveis e dois contrários às cotas – e uma audiência pública de dois dias, os ministros do Supremo Tribunal Federal (STF) aprovaram por unanimidade a constitucionalidade das ações afirmativas. A decisão contribuía para mitigar a multiplicação de liminares judiciais contra a política e abria caminho para a votação do que viria a se tornar, ainda no mesmo ano, a Lei n.º 12.711/2012. No Gráfico 1 a seguir, é possível observar as diferentes ondas de adesão às políticas de cotas, divididas por nós em três fases. A fase experimental englobou os anos em que as universidades adotaram cotas com relativo grau de autonomia em relação ao governo federal, seja por leis estaduais (caso da Uerj), seja pelos seus conselhos universitários (caso da Universidade de Brasília – UnB). A segunda fase surge com o advento do Reuni e seus incentivos à difusão de ações afirmativas. A terceira fase emerge com a aprovação da lei federal de cotas, que regulou as cotas nas universidades federais, mas também serviu de modelo para universidades estaduais e municipais.

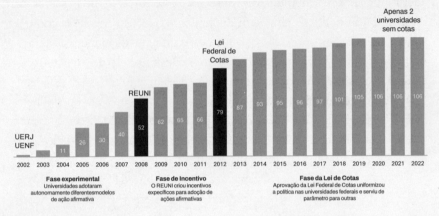

Gráfico 1 – Número de universidades públicas (estaduais e federais) que aplicavam algum tipo de ação afirmativa em suas seleções por ano (2002 a 2022)

Fonte: GEMAA

Mais do que criar uma política de cotas completamente nova, a lei uniformizou as cotas já vigentes em quase 80% das universidades federais. Para tanto, ela consagrou uma combinação de critérios socioeconômicos e étnico-raciais, separando 50% das vagas em cada curso para estudantes oriundos de escola pública e, dessas vagas, 50% (ou 25% do total) para estudantes de baixa renda. As cotas étnico-raciais para pretos, pardos, indígenas e, depois, quilombolas passaram a incidir sobre essas duas subcotas, sempre obedecendo à proporção dessa população no estado onde se localiza a universidade ou o instituto federal. Em 2016, foram acrescidas a todas essas subcotas outra voltada para pessoas com deficiência. A lei, no entanto, estabeleceu parâmetros mínimos, deixando às instituições de ensino superior a liberdade de criação de outras ações afirmativas. Como mostram Jefferson Belarmino de Freitas, Fernanda Gonçalves, Juliana Flor, Izabele Sá e João Feres Júnior em "Modelos de ação afirmativa em vigor no Brasil", existem hoje no Brasil cotas suplementares para pessoas trans, negros (independente da origem escolar), residentes no estado da universidade etc.

Figura 1 – Como são distribuídas as cotas nas universidades e nos institutos federais

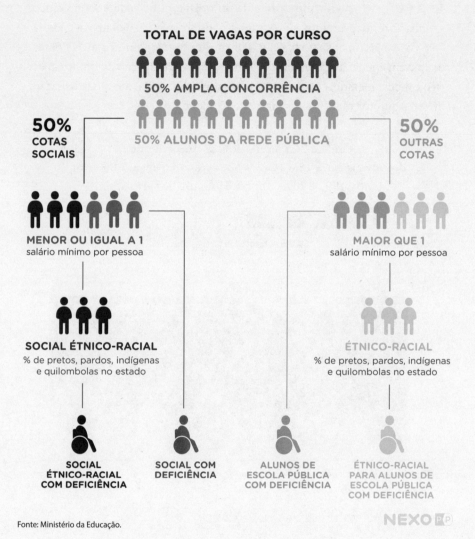

Fonte: Ministério da Educação.

Impactos no perfil dos matriculados

Todos os dados coletados pelo consórcio mostram mudanças intensas na composição do ensino superior brasileiro, em termos tanto raciais quanto socioeconômicos. O Gráfico 2 a seguir, extraído do texto "A diversificação racial e econômica do ensino superior", de Adriano Souza Senkevics, utiliza dados da Pesquisa Nacional por Amostra de Domicílios (Pnad) para mostrar como o ensino superior brasileiro mudou seu perfil socioeconômico entre 1992 e 2019. Se dividirmos a população brasileira de cada ano em cinco grupos de renda, veremos que o primeiro quinto mais rico ocupava mais de 70% das vagas no ensino superior. Por sua vez, os três quintos mais pobres ocupavam apenas 10% das vagas. Já em 2016, a participação do quinto mais rico cai pela metade, cerca de 35% das matrículas, enquanto a participação dos três quintos mais pobres mais que triplicou.

Gráfico 2 – Composição socioeconômica
dos jovens entre 18 e 24 anos que acessam o ensino superior
(entre 1992 e 2019, por renda domiciliar *per capita*)

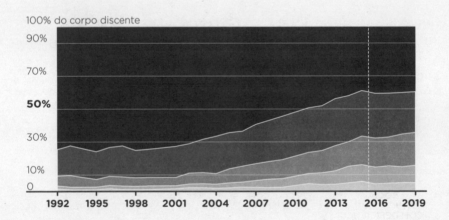

Observação: A linha tracejada indica a quebra da série histórica da Pnad e, por isso, as duas séries não são perfeitamente comparáveis. Não há dados para 1994, 2000 e 2010. Em 2019, os quatro primeiros quintis de renda domiciliar per capita são: R$ 300 (1ºQ), R$ 554 (2ºQ), R$ 955 (3ºQ) e R$ 1.503 (4ºQ).
Fonte: Microdados da Pnad e da Pnad Contínua, do IBGE.

Essas mudanças têm causas múltiplas. A partir dos 1990, o ensino superior brasileiro se massificou, e houve uma expansão da participação do ensino privado em comparação ao sistema público. Contudo, as ações afirmativas socioeconômicas como as cotas e o Prouni tiveram certamente um papel de peso nessas tendências. Outro dado importante é que elas se estagnaram a partir de 2016, quando as tendências do gráfico se estabilizam.

Algo muito similar aconteceu com a composição racial do ensino superior, conforme nos mostra o Gráfico 3 a seguir. Em 1992, pretos, pardos e indígenas compunham cerca de 15% das matrículas no ensino superior, contra 85% de brancos e amarelos. Em 2019, o primeiro grupo chega próximo aos 50% das matrículas, alcançado um percentual mais condizente com a sua participação na população brasileira.

Gráfico 3 – Composição racial dos jovens entre 18 e 24 anos que acessam o ensino superior (entre 1992 e 2019)

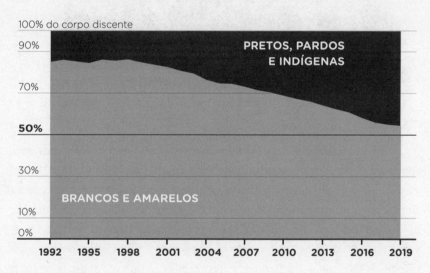

Fonte: Microdados da Pnad e da Pnad Contínua, do IBGE.

Entretanto, para avaliar especificamente as cotas, é preciso focar nas matrículas do sistema público de ensino superior. Em "A diversificação racial e econômica do ensino superior público", Luiz Augusto Campos e Felipe de Oliveira Peixoto aplicam o mesmo esquema analítico mostrado anteriormente aos dados da Pnad só de matriculados em instituições públicas de ensino superior. Em termos de faixa de renda, eles mostram que os estudantes oriundos dos três quintos mais pobres ocupavam cerca de 20% das vagas nas universidades e nos institutos tecnológicos públicos em 2001. Já em 2021, eles somaram 52% das matrículas.

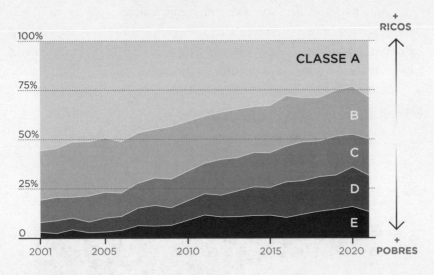

Gráfico 4 – Estudantes do ensino superior por classe social (de 2001 a 2021)

Fonte: Pnad (Pesquisa Nacional por Amostra de Domicílios).

Em termos raciais, algo similar aconteceu. Pretos, pardos e indígenas somavam 31,5% dos matriculados em 2001 e atingiram 52,4% em 2021. Novamente, essas transformações não devem ser atribuídas apenas às cotas, mas sim a um conjunto de medidas, sobretudo, o plano nacional de reestruturação das universidades, o Reuni. Mas certamente as cotas tiveram um papel relevante aqui. Aliás, há que mencionar que o próprio Reuni serviu como um dos principais incentivos à difusão de cotas raciais nas universidades federais, já que continha em seu bojo a adoção de ações afirmativas como critério para acesso a recursos.

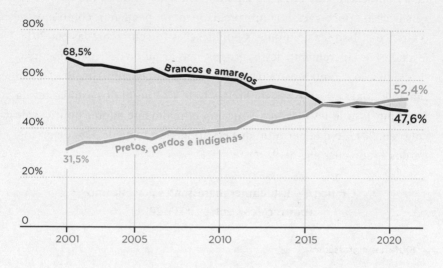

Gráfico 5 – Estudantes do ensino superior por grupo racial (de 2001 a 2021)

Fonte: Pnad (Pesquisa Nacional por Amostra de Domicílios).

Todos esses avanços não significam que o impacto das ações afirmativas tenha sido linear em todas as instituições e em todos os cursos. Ao contrário, as universidades tiveram histórias específicas quanto a essas políticas, seja porque aderiram a elas em velocidades distintas, seja porque adotaram diferentes modelos durante a história. Na seção seguinte, discutiremos alguns dados que mostram os diferentes ritmos, modelos e impactos das ações afirmativas em algumas universidades partícipes do consórcio.

Impactos em universidades específicas

Cada uma das universidades brasileiras teve sua própria história com as ações afirmativas. Portanto, é de se esperar que seus impactos tenham variado no tempo. Um caso exemplar disso é o da Universidade Estadual de Campinas (Unicamp). Por ser uma instituição ligada ao estado de São Paulo, a Unicamp teve liberdade para adotar diferentes modelos de ação afirmativa. Como mostra o texto "Linha do tempo das ações afirmativas na Unicamp", de José Alves de Freitas Neto, essa história começou em 2003, quando a universidade criou o seu Programa de Ação Afirmativa e Inclusão

Social (Paais), com base em bonificações nas notas de vestibulandos de escola pública, e pretos, pardos e indígenas dentro desse grupo recebiam uma bonificação adicional. No entanto, os impactos dessa medida na diversificação étnico-racial da universidade foram pequenos, como mostra o Gráfico 6. Isso fez com que as bonificações fossem dobradas em 2014, levando a um incremento desses grupos, mas de modo desigual nos cursos de graduação. Como mostra o gráfico de Ana Almeida F. Almeida, Rafael Pimentel Maia e José Alves de Freitas Neto ("O perfil dos estudantes da Unicamp"), tudo isso levou a Unicamp a finalmente adotar políticas de cotas em 2017, o que permitiu que ela atingisse a meta de 37% de pretos, pardos e indígenas em 2019.

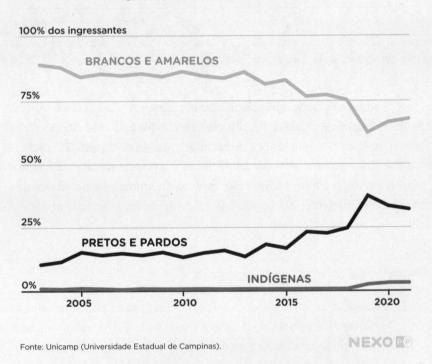

Gráfico 6 – Estudantes ingressantes na Unicamp (por raça/cor, entre 2003 e 2021)

Fonte: Unicamp (Universidade Estadual de Campinas).

A Universidade Federal de Minas Gerais (UFMG) é outro exemplo que preferiu historicamente as políticas de bônus. Os esforços da universidade nesse sentido começaram em 2002, quando foi lançado o Programa Ações Afirmativas (PAA), coordenado pela professora Nilma Lino Gomes.

As pesquisas do PAA levaram a um plano de expansão dos cursos noturnos, mas que não teve grande sucesso. Como nota Ana Paula Karruz em "Linha do tempo das ações afirmativas na UFMG", o apoio do Reuni foi fundamental para a criação de um ousado sistema de bonificação em 2008, que concedia 10% a mais na nota obtida no vestibular para os estudantes de escola pública e mais 5% para os que fossem pretos, pardos e indígenas. O sistema de bônus e a expansão universitária ajudaram a aumentar sensivelmente a participação de estudantes da rede pública, como indica o Gráfico 7 a seguir. Todavia, os avanços foram desiguais nos cursos e limitados em termos raciais. Em 2013, a universidade começa a aderir à Lei n.º 12.711/2012, mas a partir do patamar mais baixo permitido. Somente em 2016 ela adere completamente aos patamares previstos.

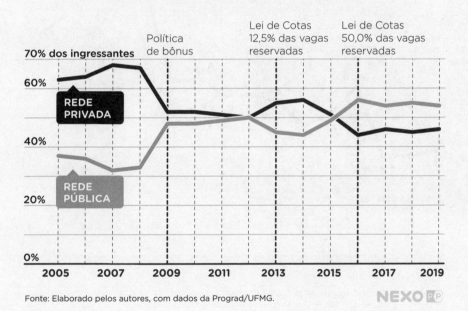

Gráfico 7 – Mudança na composição dos ingressantes da UFMG, por origem escolar no ensino médio (entre 2005 e 2019)

Fonte: Elaborado pelos autores, com dados da Prograd/UFMG.

A universidade que mais rapidamente atingiu a paridade entre população de pretos, pardos e indígenas (PPI) e matriculados do mesmo grupo foi a Universidade Federal de Santa Catarina (UFSC). Como mostra o texto de Marcelo Henrique Romano Tragtenberg, as discussões sobre ações afirmativas na universidade datam de 2002, mas as cotas foram adotadas somente em 2007. Foram aprovados 20% das vagas em cada curso para estudantes do ensino fundamental e médio e 10% para estudantes negros, preferencialmente egressos do ensino público. Ademais, cada curso teria cinco vagas adicionais para estudantes indígenas. Como mostra o Gráfico 8, rapidamente a UFSC incluiu um percentual de negros superior àquele existente no estado. Afora as oscilações, esse nível de inclusão tem se mantido, chegando em 2020 à paridade completa de 18,8% de matriculados negros, contra 18,6% de autodeclarados pretos e pardos na população do estado de Santa Catarina.

Gráfico 8 – Percentual de pessoas negras
(entre ingressantes na UFSC e na população de Santa Catarina)

Fonte: UFSC (Universidade Federal de Santa Catarina), Censo 2010 e Pnad (Pesquisa Nacional por Amostra de Domicílios) do IBGE (Instituto Brasileiro de Geografia e Estatística).

Todavia, a Lei n.º 12.711/2012 não representou avanços em todas as universidades. Esse é o caso da Universidade Federal da Bahia (UFBA). Situada no estado mais negro do Brasil, a UFBA já contava com uma política de cotas em 2012. Como discute Yuri Santos de Brito em "Linha do tempo das ações afirmativas na UFBA", a primeira proposta de ação afirmativa foi apresentada na universidade em 2001, mas só aprovada em 2004. Até a aprovação da lei federal, houve muitos avanços. Nos termos de Brito:

> Os dados disponíveis apontam que a UFBA, a essa época, já era uma universidade transformada, em especial nos cursos de maior prestígio: nestes, de 2004 a 2012, entre os aprovados no vestibular, a participação de estudantes pardos e pretos aumentou de 54% para 66%; de estudantes de escolas públicas, de 33% para 45%; de mulheres, de 40% para 47%. A participação de estudantes cujas famílias tinham rendimento total de até cinco salários mínimos saltou de 16% para impressionantes 46%, enquanto a daqueles com famílias de renda superior a cinco salários mínimos recuou de 84% para 54%, reduzindo a distância do perfil discente em relação ao perfil demográfico.

Paradoxalmente, isso fez com que a lei federal imprimisse alguns retrocessos em certos cursos. Isso aconteceu porque a lei levou a uma interpretação segundo a qual os cotistas deveriam competir apenas com cotistas, fazendo com que a política de cotas deixasse de funcionar como um piso para se tornar um teto de vagas. Como mostra Claudia Monteiro Fernandes no texto "A Lei de Cotas democratizou os cursos de maior prestígio? O caso da UFBA", alguns cursos sofreram uma diminuição no percentual de cotistas raciais entre 2012 e 2019. No Gráfico 9 a seguir, é possível notar que isso aconteceu justamente nos cursos de alto prestígio, como Psicologia, Arquitetura e Urbanismo, Comunicação, Administração, Engenharia Elétrica, entre outros.

Esse foi um dos motivos que levaram a uma modificação na nova Lei de Cotas, aprovada em 2023. Segundo ela, os estudantes cotistas passam a competir primeiramente com os estudantes da ampla concorrência. Apenas se os primeiros não conseguirem nota suficiente para entrar no curso é que são deslocados para a competição em sua cota específica. Isso garante que as cotas funcionem como um percentual mínimo de vagas, e não como um patamar máximo. Mas, antes de discutir essas e outras mudanças na lei, é preciso observar outro dado sensível do tema: a performance comparada de cotistas e não cotistas.

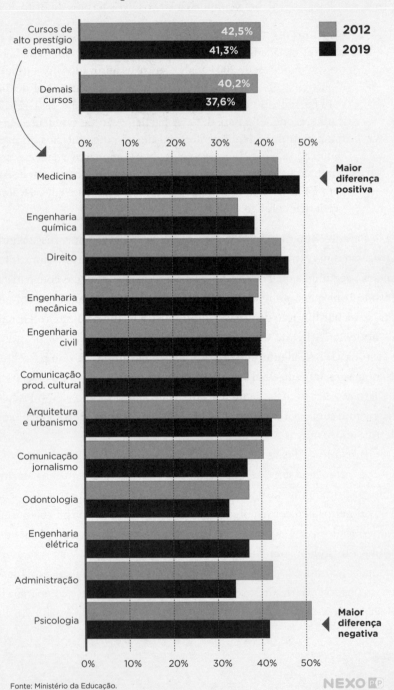

Gráfico 9 – Ingressantes por reserva de vagas na UFBA (por curso, em 2012 e 2019)

Fonte: Ministério da Educação.

O desempenho dos cotistas

Um receio recorrente em relação às cotas era o de que seus beneficiários não conseguissem acompanhar o ritmo próprio dos estudos universitários. Esses críticos argumentavam que isso, de um lado, tenderia a reduzir o efeito dessas políticas e estigmatizar ainda mais os grupos beneficiários e, de outro, ameaçaria a qualidade do ensino superior brasileiro. Mais de 20 anos depois da primeira experiência com cotas e 10 anos depois da lei federal, quase todos os dados indicam que esses receios não têm fundamento na realidade. Diferentes medidas mostram que cotistas e não cotistas tendem a ter desempenho universitário muito similar, bem como taxas próximas de evasão.

Os dados da UFSC são novamente elucidativos quanto a isso. Marcelo Henrique Romano Tragtenberg, Marcelo Eduardo Borges e Antonio Fernando Boing mostram, no texto "O desempenho dos cotistas na UFSC", que as curvas das notas dos diferentes grupos de cotistas são de fato inferiores às dos estudantes da classificação geral, sobretudo no primeiro ano letivo. Ainda assim, as diferenças entre as médias são pequenas e, mais importante, tendem a desaparecer com o tempo. Ao repetirem a mesma análise para o último ano letivo, os autores concluem que as distâncias entre negros, estudantes de escola pública e estudantes da classificação geral tendem a quase desaparecer, como indica o Gráfico 10 a seguir.

Gráfico 10 – Distribuição da nota de estudantes da UFSC no primeiro e no último ano de curso (por modalidade de ingresso, no período 2008-2012)

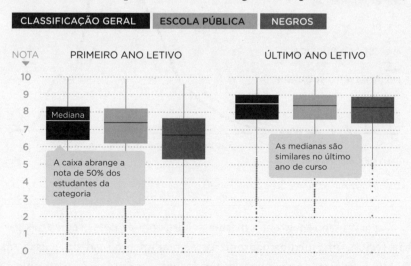

Fonte: Secretaria de Planejamento e Pró-Reitoria de Graduação da UFSC (Universidade Federal de Santa Catarina).

Uma conclusão muito similar foi delineada por Ana Paula Karruz e Flora de Paula Maia a partir de dados da UFMG. Em "O desempenho dos cotistas na UFMG", elas comparam o desempenho no Enem dos diferentes grupos de cotistas entre si e com os estudantes da ampla concorrência. As curvas de cada um dos grupos de fato se distanciam, com os candidatos da ampla concorrência tendo um desempenho médio superior aos candidatos cotistas. Elas notam também uma diferença nas notas entre tipos distintos de cotistas, com estudantes brancos de escola pública com notas superiores às daqueles que se beneficiam das cotas raciais e de baixa renda, conforme o Gráfico 11 a seguir.

Gráfico 11 – Distribuição da pontuação no Enem de ingressantes na UFMG (admitidos entre o 1º sem. de 2016 e o 2º sem. de 2020, por modalidade de entrada)

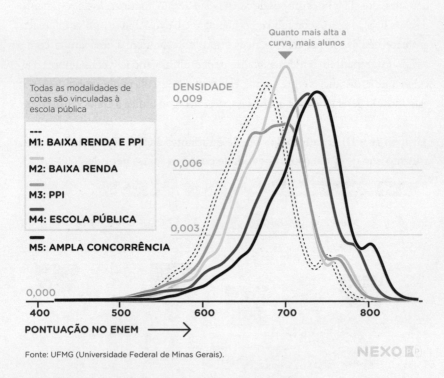

Fonte: UFMG (Universidade Federal de Minas Gerais).

Porém, ao repetirem a mesma análise com as notas semestrais globais (NSG), uma medida padronizada de rendimento acadêmico usada na UFMG, as autoras notam que as distâncias entre os grupos são praticamente anuladas. Obviamente, esse cenário representa o agregado e há, sim, desigualdades renitentes no desempenho quando observamos centros e cursos específicos da universidade. Contudo, é possível dizer que as desigualdades de desempenho existentes na entrada na universidade são fortemente mitigadas ao longo do curso.

Gráfico 12 – Distribuição da NSG de graduandos na UFMG (matriculados entre o 1º sem. de 2016 e o 2º sem. de 2020, por modalidade de entrada [considera apenas admitidos neste mesmo período])

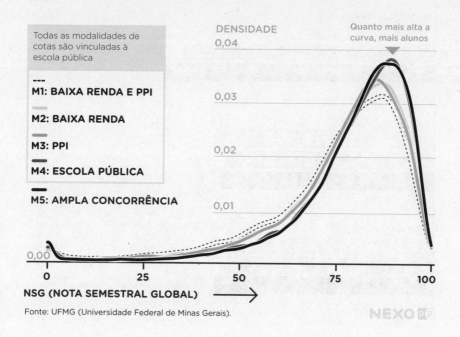

Fonte: UFMG (Universidade Federal de Minas Gerais).

O mesmo vale para os dados de evasão. Com base nos dados da Universidade Federal do Rio de Janeiro (UFRJ), Felícia Picanço discute em que medida o abandono dos cursos universitários varia conforme raça e gênero entre 2012 e 2014. Ela detecta que, de modo geral, as taxas de evasão permanecem altas e crescentes para todos os grupos, girando em torno de 40%. No entanto, não parece haver uma clivagem racial importante: brancos e negros tendem a evadir em taxas similares. O que há é uma taxa de evasão superior para homens em comparação com mulheres e, dentro daquele grupo, uma leve desvantagem para homens negros, como mostra o Gráfico 13 a seguir.

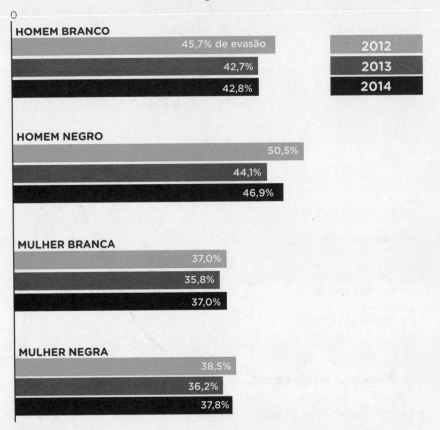

Gráfico 13 – Percentual de ingressantes que evadiram do curso por ano (de 2012 a 2014, em relação ao total do mesmo gênero e raça)

Fonte: Elaboração dos autores, dados institucionais da UFRJ.

Todos os dados indicam que o receio de que cotistas não conseguissem acompanhar os cursos era infundado. As desigualdades de desempenho na entrada na universidade são fortemente diminuídas no decorrer dos cursos. Isso não implica, porém, que a situação dos cotistas seja estável nas universidades, ao contrário. Na Uerj, por exemplo, a proporção de negros foi impactada com a crise financeira enfrentada pelo estado e pela universidade. Como mostram Luiz Augusto Campos e Juliana Marques no texto "O perfil dos estudantes da Uerj", o percentual de pretos e pardos matriculados cresceu de modo consistente entre 2013 e 2017, mas decaiu em 2018 e 2019.

Gráfico 14 – Perfil dos ingressantes na Uerj em 2019, por raça/cor

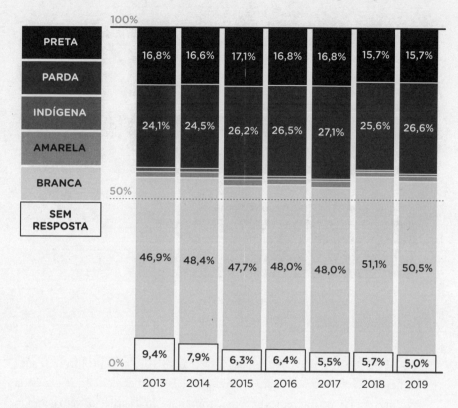

Fonte: Tabulação própria, com dados disponibilizados pela Uerj (Universidade do Estado do Rio de Janeiro) ao Consórcio de Acompanhamento de Ações Afirmativas.

Mudanças recentes e problemas persistentes

Por tudo que foi discutido até aqui, é possível asseverar que as políticas de cotas detêm um saldo nitidamente positivo. Nesse aspecto, aliás, estamos em consonância com a bibliografia especializada sobre o tema na academia. O texto "O que as pesquisas dizem as ações afirmativas no ensino superior?", de Luiz Augusto Campos, Júlia Hirschle, Márcia Lima, Poema Portela e Fernanda Gonçalves, analisa 237 estudos que avaliam as políticas no ensino superior a partir de pesquisas empíricas. Como o Gráfico 15, a seguir, mostra, eles concluem que 72% das pesquisas empíricas sobre as ações afirmativas étnico-raciais as consideram bem-sucedidas e 62% concluem o mesmo para as ações afirmativas socioeconômicas.

Gráfico 15 – Avaliação das ações afirmativas nos estudos

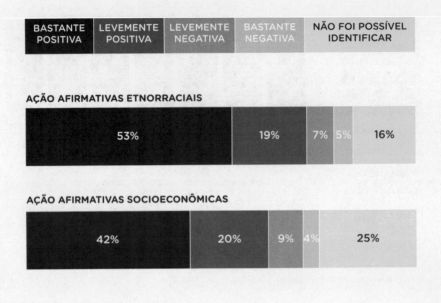

Fonte: Levantamento próprio.

Contudo, isso não deve nos cegar para alguns dos seus problemas e suas insuficiências. Embora tenhamos uma política multifacetada, que combina diferentes cotas para diferentes grupos, a sobreposição de critérios vem gerando obstáculos ao bom funcionamento da política. Na lei federal, por exemplo, as cotas raciais estão subsumidas às cotas socioeconômicas, o que exclui os estudantes oriundos de escolas privadas. Na Uerj, elas estão subsumidas à cota para estudantes carentes.

Embora tenham em média uma qualidade maior, nem todas as escolas privadas brasileiras oferecem vantagens competitivas de relevo, do mesmo modo que muitas escolas públicas apresentam desempenho bastante superior à média. Ademais, pretos e pardos não deixam de sofrer discriminação racial simplesmente porque tiveram acesso a escolas privadas ou ascenderam para a classe média. Um problema ainda mais grave da sobreposição de critérios são as cotas para estudantes com deficiência, que incidem apenas sobre as subcotas para oriundos de escola pública, excluindo pessoas com deficiência de escolas privadas e criando mais de 16 subgrupos de cotistas.

Conforme apontado anteriormente, o que motivou a criação do Consórcio de Acompanhamento das Ações Afirmativas foi a necessidade de reunir informações e estudos sobre os 20 anos da política e os 10 anos da lei, que previa sua revisão em 2022. Como não houve iniciativas ou a apresentação de uma avaliação consistente que pudesse dar subsídios para tomadas de decisão, coube aos pesquisadores e a setores da sociedade civil a construção do debate público sobre os 10 anos da lei. Com a eleição de Lula para um terceiro mandato, em 2022, o governo federal se tornou mais sensível a esse debate. Márcia Lima, uma das coordenadoras do consórcio, foi indicada como secretária de Políticas de Ações Afirmativas, Combate e Superação do Racismo do Ministério da Igualdade Racial. Uma das incumbências da Secretaria foi justamente a articulação dos dados sobre o impacto das cotas para a construção de uma nova lei que fosse capaz de atualizar a anterior. Em agosto de 2023, a revisão da Lei de Cotas foi finalmente aprovada pelo Congresso Nacional.

A nova versão da lei trouxe mudanças pontuais e importantes. Passou a incluir os quilombolas entre os beneficiários e fez um ajuste na faixa de renda, alterando de um salário mínimo e meio *per capita* para um salário mínimo *per capita*. Muitos especialistas chamam a atenção para o fato de que os limites salariais para os cotistas de baixa renda sempre foram excessivamente altos. Uma família de quatro pessoas que ganhasse em 2022 seis salários mínimos (algo próximo de R$ 8 mil em 2023) era considerada de baixa renda aos olhos da lei.

Outro problema corrigido pela nova redação da lei federal aprovada em 2023 foi a questão da raia exclusiva de concorrência de cotistas e não cotistas. Como já discutimos, algumas universidades haviam interpretado que os cotistas deveriam competir apenas com os outros cotistas de mesmo perfil, o que ao termo transformava a reserva de vagas em um teto. Com a nova lei, todos os cotistas passam a competir na seleção da ampla concorrência. Caso um cotista tenha pontos suficientes para entrar num curso prescindindo das cotas, ele deixa a sua vaga para outro cotista. Isso garante que as reservas de vagas funcionem como piso, e não como teto.

O novo texto da lei traz ainda prioridade aos alunos cotistas que se encontram em situação de vulnerabilidade social para o recebimento de auxílio estudantil de programas desenvolvidos nas instituições federais de ensino. Além disso, recomenda às instituições federais de ensino superior a promoção de políticas de ações afirmativas para inclusão de pretos, pardos, indígenas, quilombolas e pessoas com deficiência em seus programas de pós-graduação.

Afora os problemas relacionados ao desenho da política em si, as instituições de ensino superior têm mecanismos burocráticos internos que podem deturpar a distribuição de vagas via cotas. O estabelecimento de notas de corte e os diferentes pesos atribuídos às provas do vestibular ou do Enem têm feito com que alguns cursos mais concorridos de algumas universidades apliquem as cotas de modo mais problemático. Como mostra o texto "Quais cursos de graduação foram mais transformados pelas cotas?", de Adriano Souza Senkevics e Ursula Mattioli Mello, a participação de pretos e pardos nesses cursos cresceu rapidamente, mas isso ocorreu porque eles saíram de patamares muito baixos. Por esse motivo, políticas de monitoramento constante do ingresso no ensino superior com dados estratificados por ano e por cursos são centrais para acompanhar a política de perto.

De todo modo, não basta apenas ingressar na universidade, é preciso concluí-la. Nesse aspecto, as políticas de permanência deixam a desejar. Primeiro, ainda não está claro qual o desenho mais adequado para os problemas enfrentados pelos estudantes do ensino superior brasileiro, o que faz com que cada instituição defina como investirá os poucos recursos que recebe. Já temos uma miríade de políticas nesse sentido que vão desde os auxílios para transporte e moradia até grupos de apoio psicológico e atenção integrada. Na esfera governamental, temos diferentes políticas de assistência estudantil, mas, novamente, elas são pouco integradas.

Um problema relativamente novo, mas que vem se tornando central com o tempo, é a queda na demanda pelo ensino superior. Esse processo foi acentuado na pandemia de covid-19, mas ainda permanece nos dias atuais. É difícil estabelecer suas principais causas, que vão desde o longo cenário de crise econômica em que vive o país até a desvalorização relativa dos diplomas de ensino superior, passando pelos fortes gargalos do nosso sistema de ensino médio. De todo modo, se as cotas serviram inicialmente para despertar o interesse das camadas mais desfavorecidas da população pela universidade, esse efeito parece estar arrefecendo.

Por fim, um problema renitente tem a ver com as acusações de discrepância nas autodeclarações raciais e o funcionamento das chamadas comissões de heteroclassificação. Como toda política pública, as cotas estão sujeitas ao uso deturpado por estudantes que não sofrem discriminação nem são vistos como negros. Apesar disso, pouco sabemos sobre as dimensões do problema. Circulam no debate público estimativas duvidosas sobre estudantes que teriam se beneficiado injustamente das cotas, mas a verdade é que são poucas as pesquisas que efetivamente tentam determinar se os autodeclarados pretos e pardos que entram na universidade tendem a ser assim percebidos pela sociedade em geral. As comissões de heteroclassificação surgiram para contornar esse problema, mas seu funcionamento ainda é pouco normatizado e, por vezes, demasiado restritivo. De todo modo, é urgente investir em mais pesquisas sobre o tema e compreender que raça é uma construção social dinâmica, logo, sempre haverá uma margem de dúvida classificatória que deve ser respeitada.

Os dados discutidos aqui indicam que a política de cotas no ensino superior transformou um dos espaços mais elitizados da sociedade brasileira, democratizando seu acesso e redefinindo sua função social. Para além das universidades, o debate em torno das cotas mudou o modo como a sociedade brasileira se enxerga e introduziu a ideia de ação afirmativa como princípio de justiça em políticas públicas de setores tão distintos quanto a política, o funcionalismo público, o mercado de trabalho, entre outros. Mas, se os impactos das cotas foram bem além do ensino superior, muito ainda há para ser feito. As desigualdades brasileiras são tão complexas e abissais que mesmo uma política ousada como a de cotas torna-se modesta no contexto geral. Mais do que demonstrar o sucesso estrondoso e consolidado de uma política pública, este livro mostra o caminho que ainda temos pela frente.

Plano do livro

O livro está organizado em 35 artigos distribuídos em seis partes. A Parte I reúne textos sobre a história e os modelos de ação afirmativa em vigor no Brasil. Além de traçarmos uma linha do tempo das políticas de ação afirmativa nos cursos de graduação em suas distintas modalidades, recuamos no tempo para recuperar o espírito das ações afirmativas antes do advento das cotas. Também incluímos uma análise dos diferentes projetos de lei sobre o tema que tramitaram no Congresso Nacional nas últimas três décadas, bem como um balanço bibliográfico sistemático do que as pesquisas nas ciências sociais acumularam sobre a política.

A Parte II resume de modo intuitivo a linha do tempo da adoção de ações afirmativas em cada uma das universidades que participaram do consórcio, a saber, Uerj, UnB, UFBA, Unicamp, UFMG, UFRJ e UFSC. Cada uma dessas instituições teve um papel central na história e no impacto dessas políticas.

A Parte III é composta por textos que analisam os impactos gerais das cotas no ingresso de estudantes no ensino superior nacional. Na ausência de dados unificados e transparentes, os números discutidos nessa parte se baseiam em complexas estimativas delineadas a partir dos dados administrativos das próprias universidades e em estatísticas oficiais. Inicialmente, mostramos a diversificação racial e econômica do ensino superior brasileiro como um todo, fruto não apenas das ações afirmativas, mas também da intensa expansão das matrículas na primeira década do milênio. Em seguida, focamos especificamente os números do ensino superior público e, particularmente, do ensino superior federal.

A Parte IV discute o perfil dos ingressantes nas universidades pós-cotas. Nesse segmento mostramos que essas políticas tiveram impactos para além da diversificação racial e econômica dos *campi*, afetando as faixas etárias predominantes, o perfil de gênero, entre muitos outros aspectos.

A Parte V engloba textos sobre a permanência, a evasão e a conclusão dos estudantes cotistas. Apesar de abordarem a temática de diferentes prismas, quase todas as contribuições aqui presentes indicam que as cotas não afetaram a qualidade do ensino superior, muito menos suas taxas de evasão. Ao que tudo indica, cotistas e não cotistas têm desempenho muito similar nos diferentes cursos, jogando por terra uma das críticas mais comuns à política.

Finalmente, a Parte VI discute algumas dimensões específicas dessas políticas, bem como alguns de seus desafios futuros. Isso engloba reflexões sobre grupos beneficiários específicos como indígenas, o modo como as desigualdades de classe e raça foram impactadas pelas políticas, além de uma comparação dos seus impactos com o modelo vigente nos Estados Unidos.

Lidos em conjunto, esses textos dão uma ideia da complexidade no processo de construção e funcionamento do maior sistema de cotas raciais existente no mundo. Em menos de duas décadas, as ações afirmativas se tornaram uma marca do ensino superior, mudando a cara das nossas universidades e permitindo que elas encontrassem suas funções constitucionais. O sucesso dessa política é, contudo, proporcional aos seus desafios. O encolhimento e o sucateamento do ensino superior público ameaçam conquistas ainda modestas perto das abissais desigualdades de oportunidades brasileiras. Esperamos que o trabalho do consórcio sirva para reverter essas tendências e aprofundar ainda mais os ganhos obtidos com as políticas de cotas.

Referências

Feres Júnior, João; Daflon, Verônica Toste; Campos, Luiz Augusto. Lula's Approach to Affirmative Action and Race. *NACLA Report on the Americas*, v. 44, n. 2, 2011, p. 34-37.

Lima, Márcia. As novas políticas de inclusão escolar e as famílias: o caso dos beneficiários do Prouni na Região Metropolitana de São Paulo. *In:* Romanelli, Geraldo; Nogueira, Maria Alice.; Zago, Nadir (orgs.). *Família e escola 2: novas perspectivas de análise.* São Paulo: Vozes, 2013, v. 1, p. 312-333.

Nogueira, Oracy. Preconceito racial de marca e preconceito racial de origem: sugestão de um quadro de referência para a interpretação do material sobre relações raciais no Brasil. *Tempo Social*, v. 19, n. 1, p. 287-308, 2007. Disponível em: https://doi.org/10.1590/S0103-20702007000100015. Acesso em: 27 mar. 2025.

PARTE I

A história da ação afirmativa no Brasil

As políticas de ação afirmativa em cursos de graduação[1]

Anna Venturini

Nas últimas décadas, o sistema de ensino superior passou por transformações relacionadas à criação de ações afirmativas e à ampliação do acesso de estudantes de escolas públicas, de baixa renda, pretos, pardos e indígenas a cursos de graduação. Apesar de ser usualmente associada à reserva de vagas ou cotas, a expressão "ação afirmativa" pode referir-se a uma série de políticas e iniciativas que visam corrigir desigualdades e promover equidade e direitos civis, políticos e culturais aos mais variados grupos sociais que são ou foram discriminados em determinada sociedade.

As ações afirmativas ingressaram na agenda governamental no final dos anos 1990, em razão de discussões sobre o papel da educação e das diferenças entre pessoas brancas e não brancas no processo de mobilidade social. Após longos e intensos debates, em 2012, a criação de cotas raciais e sociais foi considerada constitucional pelo STF e, em seguida, o Congresso Nacional aprovou a Lei n.º 12.711/2012, que reserva vagas nas instituições federais de ensino superior e técnico. A Lei de Cotas foi objeto de alterações em 2016 e 2023, quando foram incluídas entre os beneficiários as pessoas com deficiência e as pessoas quilombolas, além de outros ajustes nos critérios, na abrangência e no processo de avaliação.

1995

Foi criado o Grupo de Trabalho Interministerial pelo governo federal para discutir e desenvolver políticas para valorização e promoção da população negra em áreas como educação, trabalho e saúde.

---

[1] Originalmente publicado em: https://pp.nexojornal.com.br/linha-do-tempo/2020/07/27/as-politicas-de-acao-afirmativa-em-cursos-de-graduacao.

1996

Foi a primeira vez que o governo brasileiro admitiu discutir políticas públicas voltadas especificamente para a população negra.

O ano foi marcado pela realização de dois seminários importantes: o seminário Ações Afirmativas: Estratégias Antidiscriminatórias?, realizado pelo Instituto de Pesquisa Econômica Aplicada (Ipea), em junho, e o seminário internacional Multiculturalismo e Racismo: o Papel da Ação Afirmativa nos Estados Democráticos Contemporâneos, organizado pelo Ministério da Justiça, em julho.

Nesse ano, também ocorreu o lançamento do Programa Nacional de Direitos Humanos, que estabeleceu como objetivo a criação de políticas compensatórias para promover a população negra.

2001

Aconteceu a 3ª Conferência Mundial contra o Racismo, a Discriminação Racial, a Xenofobia e Formas Correlatas de Intolerância, em Durban, África do Sul. A declaração e o programa de ação adotados no evento endossaram a importância da aplicação de ações afirmativas pelos Estados, na medida em que tais políticas se mostravam essenciais para reduzir as marcas deixadas pelo passado discriminatório na vida daqueles que foram vítimas da discriminação racial e de demais formas de intolerância diante das diferenças.

2002

Foram criados o Programa Nacional de Ações Afirmativas (Decreto n.º 4.228/2022) e o Programa Diversidade na Universidade (Lei n.º 10.558/2022), que permitiram que as universidades brasileiras instituíssem medidas destinadas à "promoção do acesso ao ensino superior de pessoas pertencentes a grupos socialmente desfavorecidos, especialmente dos afrodescendentes e dos indígenas brasileiros" (art. 1º da Lei n.º 10.558/2022).

Em decorrência de leis estaduais, as instituições de ensino superior mantidas pelo estado do Rio de Janeiro – entre elas a Uerj – tornaram-se, em 2002, as primeiras universidades públicas a instituir ações afirmativas na modalidade de cotas. Uma delas era de caráter social e destinada a alunos egressos de escolas públicas, e a outra, de caráter racial e destinada a alunos pretos e pardos. Esse protagonismo foi partilhado com a Universidade do Estado da Bahia (Uneb), que criou um programa de cotas raciais no mesmo ano.

2004

A UnB tornou-se a primeira universidade federal a instituir um programa de ação afirmativa, que adotou a modalidade de reserva de vagas.

2010

O Estatuto da Igualdade Racial (Lei n.º 12.288/2010) também se tornou um marco legal relevante, na medida em que incentivou as universidades públicas a adotar ações afirmativas voltadas para a população negra.

2012

Uma decisão da Arguição de Descumprimento de Preceito Fundamental (ADPF) n.º 186 pelo STF, em 26 de abril, reconheceu, por unanimidade, a constitucionalidade das políticas de reserva de vagas de recorte racial.

Foi aprovada a Lei de Cotas (Lei n.º 12.711/2012), que determinou que instituições federais de educação superior reservem um percentual de vagas para estudantes que tenham cursado integralmente o ensino médio em escolas públicas em cada processo seletivo para ingresso nos cursos de graduação. A lei instituiu ainda que, no preenchimento do percentual mencionado, 50% das vagas sejam reservadas aos estudantes oriundos de famílias com renda igual ou inferior a um salário mínimo e meio *per capita*. Por fim, as vagas reservadas devem ser preenchidas por estudantes autodeclarados pretos, pardos e indígenas em proporção no mínimo igual à de pretos, pardos e indígenas na população da unidade da federação onde a instituição se encontra, conforme o censo mais recente do Instituto Brasileiro de Geografia e Estatística (IBGE).

A lei garante 50% das vagas ofertadas nas instituições federais para alunos de escola pública. Entre as vagas para quem vem de escola pública, 50% devem ser destinadas a pessoas cuja família tenha renda igual ou inferior a um salário mínimo e meio por pessoa. Há também reserva de vagas para pretos, pardos e indígenas, de acordo com os dados do censo do IBGE no estado. Outra reserva de vagas é voltada para pessoas com deficiência.

2016

A Lei n.º 13.409/2016 incluiu, em cada uma das cotas na graduação, várias subcotas para pessoas com deficiência, também na proporção de sua participação na população.

2017

A Universidade de São Paulo (USP) e a Unicamp foram as últimas a aprovar cotas para estudantes de escola pública e negros (pretos e pardos) em seus vestibulares.

2023

A Lei de Cotas (Lei n.º 12.711/2012) previa que a política deveria ser revisada após decorridos 10 anos de sua implementação, o que era para ter ocorrido em 2022, mas foi realizado efetivamente apenas em 2023.

A Lei n.º 14.723/2023 alterou a Lei de Cotas e estabeleceu uma série de mudanças, entre as quais destacam-se:

- inclusão de estudantes quilombolas entre os beneficiários da política de cotas;
- previsão de que os estudantes cotistas terão suas notas avaliadas primeiro para a ampla concorrência e, somente se não alcançarem nota para ingresso por meio dessa modalidade, passarão a concorrer às cotas. Dessa forma, ao optarem pelo sistema de cotas, eles têm uma opção a mais para acessar a universidade, e não um limitador do acesso;
- previsão de que os estudantes cotistas que se encontrem em situação de vulnerabilidade social terão prioridade para acesso a bolsas de permanência e demais formas de auxílio estudantil desenvolvidas nas instituições federais de ensino;
- alteração do recorte de renda da política. Com a revisão, 50% das vagas para estudantes de escolas públicas serão reservadas para candidatos com renda familiar igual ou inferior a um salário mínimo *per capita*, reduzindo a faixa originalmente prevista – um salário mínimo e meio;

- previsão de que as instituições federais de ensino superior deverão adotar ações afirmativas para o ingresso de pessoas pretas, pardas, indígenas, quilombolas e com deficiência também nos cursos de pós-graduação, mas sem estabelecer uma modalidade obrigatória de ação afirmativa. Dessa forma, a revisão garante flexibilidade às diferentes modalidades de ações afirmativas já existentes nos programas de pós-graduação,[2] além de dar maior segurança jurídica aos programas de inclusão que já estavam em vigor quando da publicação da lei;
- previsão de uma metodologia para atualizar anualmente os percentuais de pessoas pretas, pardas, indígenas, quilombolas e com deficiência em relação à população de cada estado em até três anos da divulgação, pelo IBGE, dos resultados do censo populacional. A proporção racial deve ser mantida tanto nas vagas destinadas aos egressos do ensino público de famílias com renda máxima de um salário mínimo quanto nas vagas dos estudantes de outras faixas de renda;
- o programa de cotas deverá ser avaliado a cada 10 anos, com a divulgação anual de relatório sobre a política, incluindo dados sobre o acesso, a permanência e a conclusão dos alunos beneficiados e não beneficiados pela lei.

Além disso, diante das reformulações realizadas na Lei de Cotas, foi atualizado o seu regulamento – o Decreto n.º 7.824/2012. Uma das mudanças mais significativas foi a alteração da composição do Comitê de Acompanhamento e Avaliação das Reservas de Vagas nas Instituições Federais de Educação Superior e de Ensino Técnico de Nível Médio, que passou a ter representantes de cinco órgãos governamentais: Ministério da Educação, Ministério da Igualdade Racial, Ministério dos Povos Indígenas, Ministério dos Direitos Humanos e da Cidadania e Secretaria-Geral da Presidência da República.

---

[2] Para mais informações sobre as modalidades de ações afirmativas na pós-graduação, ver: Venturini, A. C. (2023). Ação afirmativa na pós-graduação: os desafios da expansão de uma política de inclusão. Rio de Janeiro: EdUERJ, 2023. Informações disponíveis em: https://www.obaap.com.br/.

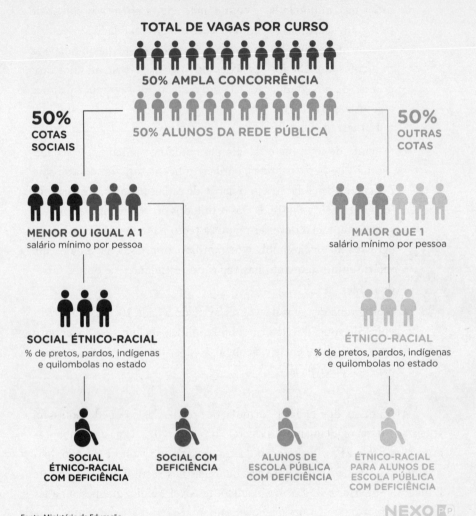

Figura 1 – Como são distribuídas as cotas nas universidades e nos institutos federais

Fonte: Ministério da Educação.

O espírito das ações afirmativas na era pré-cotas[1]

Andréa Lopes da Costa

Em 2022, foram celebrados 10 anos da promulgação da Lei n.º 12.711/2012 – Lei de Cotas –, que, ao definir as bases para a adoção de ação afirmativa no ensino superior federal, permitiu a ampliação do acesso para estudantes pobres, negros e indígenas. E, ainda antes, em 2000, Uerj e Uneb assumiram protagonismo ao estabelecerem percentual para a entrada de estudantes carentes e negros em seus cursos de graduação.

Diante desses eventos, defensores das políticas de inclusão comemoram 20 anos de ações afirmativas. Trata-se de uma imprecisão que decorre da automática tradução, feita no Brasil, de ações afirmativas como cotas, sem maiores complexificações; reforçada pela inquestionável concentração das medidas no ensino superior, sobretudo o público.

Ações afirmativas são medidas direcionadas à valorização de grupos historicamente excluídos a partir de sua condição de minoria e podem ser desenvolvidas como cotas, reserva de vagas, seleção e/ou contratação preferencial, entre outras. Nesse sentido, toda cota é uma ação afirmativa; mas o inverso não é real.

Ampliar o entendimento para além das cotas aplicadas às instituições de ensino nos leva ao histórico de ações afirmativas pré-cotas, e recuperá-lo é fundamental para a melhor compreensão do capital político acumulado, que nos permitirá celebrar, na verdade, quase quatro décadas de ação afirmativa.

No Brasil, ações afirmativas são diretamente resultantes da mudança de repertório e estratégias de ação dos movimentos negros, que, ao se

---

[1] Originalmente publicado em: https://pp.nexojornal.com.br/opiniao/2023/03/01/o-espirito-das-acoes-afirmativas-na-era-pre-cotas.

reorganizarem, no final da década de 1970, encontraram na proximidade com a política institucional seu principal campo de atuação, seja na inserção em partidos progressistas, seja na pressão política exercida através de denúncias, manifestações e reivindicações.

Assim, as primeiras ações afirmativas decorrem do capital político produzido por setores ativistas negros que obtiveram êxito ao politizar suas reivindicações, naquele momento direcionadas para o campo da memória e da valorização da cultura negra. Nesse sentido, conseguiram transportar os debates e as ações prévias ao Centenário da Abolição (1988) para as pautas de elaboração da Constituição Federal (1988), como observado nas patrimonializações do Terreiro da Casa Branca do Engenho Velho[2] (1984), espaço de religião de matriz africana mais antigo do Brasil, e da Serra da Barriga[3] (1986), sede do Quilombo de Palmares; bem como na elaboração do Programa Nacional do Centenário da Abolição da Escravatura[4] (1987), que veio a organizar as atividades de promoção dos povos e da cultura negra, realizadas ao longo de 1988, por ocasião do centenário; na criação da Fundação Cultural Palmares[5] (1988) como a primeira instituição pública fundada exclusivamente para promover, valorizar e preservar "valores culturais, históricos, sociais e econômicos decorrentes da influência negra na formação da sociedade brasileira"; e no reconhecimento do direito de propriedade aos remanescentes das comunidades quilombolas pela Constituição Federal (1988), apresentado no art. 68 do Ato de Disposições Constitucionais Transitórias.

O movimento negro foi igualmente bem-sucedido em assumir o protagonismo na elaboração de iniciativas de ações afirmativas, como nos casos

---

[2] IPHAN. *Terreiro Casa Branca do Engenho Velho: Salvador (BA)*. Disponível em: http://portal.iphan.gov.br/pagina/detalhes/1636/. Acesso em: 17 mar. 2025.

[3] IPHAN. *Serra da Barriga, parte mais alcantilada: Quilombo dos Palmares. Dossiê de candidatura a Patrimônio Cultural do MERCOSUL*. Disponível em: http://portal.iphan.gov.br/uploads/ckfinder/arquivos/Dossie_serra-da-barriga.pdf. Acesso em: 17 mar. 2025.

[4] Brasil. *Decreto n.º 94.326, de 13 de maio de 1987*. Declara a Serra da Barriga, situada no Município de União dos Palmares, Estado de Alagoas, como Monumento Nacional. Disponível em: http://www.planalto.gov.br/ccivil_03/decreto/1980-1989/1985-1987/D94326.htm. Acesso em: 17 mar. 2025.

[5] Fundação Cultural Palmares. *Serra da Barriga: Parque Memorial Quilombo dos Palmares*. Disponível em: https://www.palmares.gov.br/?page_id=95. Acesso em: 17 mar. 2025.

dos pré-vestibulares comunitários direcionados para negros, entre eles o curso pré-vestibular do Instituto Cultural Beneficente Steve Biko[6] (1992).

Contudo, foi o Pré-Vestibular para Negros e Carentes (PVNC)[7] (1993) que, ao vincular desigualdades de renda e racial como definidoras de seu público-alvo, impulsionou os debates sobre adoção de políticas de ações afirmativas na educação, desenvolvidas nas décadas seguintes.

Os anos 1990 viram um aquecimento nas manifestações pela adoção de políticas por parte do Estado, cujo maior impacto foi percebido na elaboração do Programa Nacional de Direitos Humanos (1995), o primeiro documento oficial do governo brasileiro a assumir oficialmente compromisso com sua implementação. E, embora as propostas não tenham sido efetivadas, sua relevância histórica está em apresentar medidas inovadoras, como o Programa de Combate à Anemia Falciforme.

Os primeiros esforços mais contundentes do governo federal para a formulação de ações afirmativas foi completado com o Grupo de Trabalho Interministerial para a Valorização da População Negra (GTI)[8] (1995), criado com a finalidade articular, junto aos ministérios, "políticas para a valorização da População Negra"; e o Grupo de Trabalho para a Eliminação da Discriminação no Emprego e na Ocupação (GTEDEO)[9] (1996), cuja a missão seria elaborar um plano de ações para a eliminação da discriminação no mercado de trabalho.

Somou-se a esses esforços a construção do Programa Nacional do Livro Didático[10] (1996), que levou à revisão do conteúdo dos livros didáticos adotados

---

[6] Instituto Cultural Steve Biko. *Sobre nós*. Disponível em: http://www.stevebiko.org.br/sobre-nos. Acesso em: 17 mar. 2025.

[7] PVNC – Movimento Pré-Vestibular para Negros e Carentes. *Histórico do PVNC*. Disponível em: https://www.sentimentanimalidades.net/pvnc/historicopvnc.htm. Acesso em: 17 mar. 2025.

[8] Brasil. *Decreto n.º 3.531, de 20 de novembro de 2000*. Institui Grupo de Trabalho Interministerial, com a finalidade de desenvolver políticas para a valorização da População Negra, e dá outras providências. Disponível em: http://www.planalto.gov.br/ccivil_03/dnn/anterior_a_2000/1995/dnn3531.htm. Acesso em: 17 mar. 2025.

[9] Brasil. *Decreto n.º 3.903, de 20 de março de 1996. Cria, no âmbito do Ministério do Trabalho, o Grupo de Trabalho para a Eliminação da Discriminação no Emprego e na Ocupação - GTEDEO, e dá outras providências*. Disponível em: http://www.planalto.gov.br/ccivil_03/DNN/Anterior_a_2000/1996/Dnn3903.htm. Acesso em: 17 mar. 2025.

[10] Fundo Nacional de Desenvolvimento da Educação (FNDE). *Histórico*. Disponível em: https://www.gov.br/fnde/pt-br/acesso-a-informacao/acoes-e-programas/programas/programas-do-livro/pnld/historico. Acesso em: 17 mar. 2025.

no Brasil, com a subsequente retirada de "erros conceituais, indução a erros, desatualização, preconceito ou discriminação de qualquer tipo".

Os anos 1990 foram um grande balão de ensaio, com iniciativas variadas produzidas até mesmo no campo do mercado, como visto no caso da *Revista Raça Brasil*[11] (1996), que, inspirada nas revistas negras norte-americanas, foi exclusivamente voltada para pessoas negras, com especial atenção a elementos de consumo, beleza e comportamento; e do Projeto Geração XXI (1999), da Fundação BankBoston, que, em parceria com o Geledés e com o apoio da Fundação Palmares,[12] investiu na complementação da educação de 21 jovens negros de baixa renda, em São Paulo.

Em retrospectiva, é correto afirmar que as políticas de cotas, desenvolvidas nos anos seguintes, são consequência da *expertise* política do ativismo negro e de suas ações do período pré-cotas. Realizar esse exercício é fundamental tanto para recuperar as longas quatro décadas de ações afirmativas no Brasil, como para constatar que uma agenda de lutas por ações afirmativas deve ir além da aplicação de cotas no ensino superior.

---

[11] Revista Raça Brasil. *Quem Somos*. Disponível em: https://revistaraca.com.br/sobre/. Acesso em: 17 mar. 2025.

[12] Geledés – Instituto da Mulher Negra. *Projeto Geração XXI: Memória Institucional*. Disponível em: https://www.geledes.org.br/projeto-geracao-xxi-memoria-institucional/. Acesso em: 17 mar. 2025.

Modelos de ação afirmativa em vigor no Brasil[1]

Jefferson Belarmino de Freitas
Fernanda Gonçalves
Juliana Flor
Izabele Sá
João Feres Júnior

A rejeição às cotas, sobretudo às de recorte racial, é um lugar-comum do repertório da direita brasileira contemporânea, particularmente de sua faceta mais extremada. Durante o mandato de Jair Bolsonaro, a política sofreu forte oposição do ministro da Educação Abraham Weintraub, que afirmou, entre outras coisas, que odiava termos como "povos indígenas". Em seu momento derradeiro, pouco antes da demissão, Weintraub revogou as políticas de cotas nos programas de pós-graduação das universidades públicas brasileiras (Moreira; Saldanha, 2020). Esse foi o ato mais incisivo contra as ações afirmativas nas universidades públicas perpetrado pelo governo. Contudo, tal ato não teve efeito prático, dado que a revogação foi suspensa dias depois e que os programas de pós-graduação dessas universidades gozavam de autonomia para estabelecer as suas próprias práticas de inclusão.

Diante dessa tensão, os movimentos sociais e os setores mais progressistas da sociedade civil compartilhavam grande expectativa acerca do destino da política nos cursos de graduação das universidades públicas, segmento no qual ela está mais enraizada. Nesse sentido, 2020 aparece como um ano crucial, pois foi o primeiro em que de fato pudemos avaliar possíveis influências do governo nas ações afirmativas. É importante enfatizar que os impactos da pandemia de covid-19, no seu auge naquele ano, deixaram a situação ainda mais complexa.

---

[1] Originalmente publicado em: https://pp.nexojornal.com.br/opiniao/2022/10/14/crescendo-apesar-do-barulho-politicas-de-acao-afirmativa-nas-universidades-publicas-brasileiras-em-2020.

O Brasil tinha 67 universidades federais e 39 estaduais em 2020, que, juntas, disponibilizavam, ao total, 389.141 vagas. Todas essas instituições têm alguma política de cota. As federais são obrigadas a adotar cotas sociais e raciais pela Lei n.º 12.711/2012, mas a adesão aos parâmetros dela foi gradual. As estaduais, por seu turno, são reguladas por leis locais e/ou resoluções internas. Em termos de vagas, as federais têm 55% de suas vagas reservadas, 5% a mais do que o previsto pela lei. Isso se explica pelo fato de tais universidades ainda poderem contar com cotas suplementares, algumas delas elaboradas antes do advento da lei. Já as estaduais têm em média 47% de suas vagas reservadas. Estando relativamente consolidadas, houve, entre 2019 e 2020, um crescimento de 3% na média de vagas reservadas nos dois tipos de instituição.

Gráfico 1 – Vagas reservadas nas universidades federais e estaduais (em percentual, de 2013 a 2020)

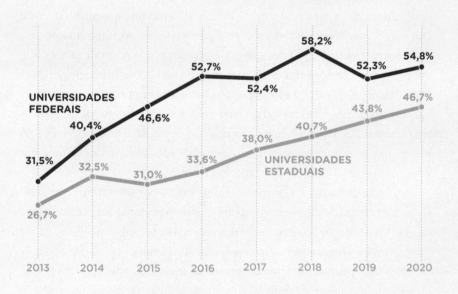

Fonte: GEMAA (Grupo de Estudos Multidisciplinar da Ação Afirmativa), a partir dos editais das universidades.

O Gráfico 2 mostra que as universidades federais reservam muito mais vagas com recorte racial do que as estaduais, ao passo que, nestas últimas, as cotas sem recorte racial ainda prevalecem, devido à ênfase que dão, em seus processos seletivos, a estudantes oriundos de escola pública e ao critério da renda familiar dos/as candidatos/as. Digno de nota é o fato de que, se comparadas às estaduais, as universidades federais reservam praticamente o triplo de vagas para pessoas com deficiência.

Gráfico 2 – Vagas reservadas nas universidades federais e estaduais (por grupo beneficiário, em 2020)

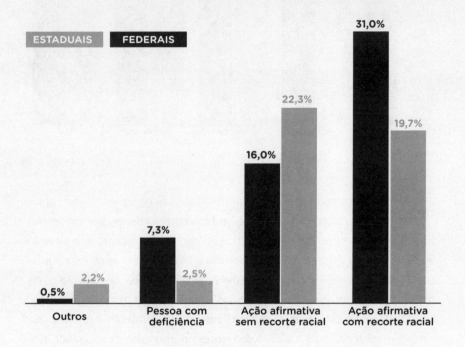

Fonte: GEMAA (Grupo de Estudos Multidisciplinar da Ação Afirmativa), a partir dos editais das universidades.

Por fim, vemos no Gráfico 3 que a proporção de vagas reservadas para políticas de ação afirmativa nas universidades federais é superior à das estaduais em todas as regiões brasileiras, exceto na região Norte. As maiores diferenças se encontram nas regiões Sul e Nordeste. Nota-se que as universidades estaduais do Nordeste compõem o caso mais negativo no que se refere à inclusão por meio de ações afirmativas.

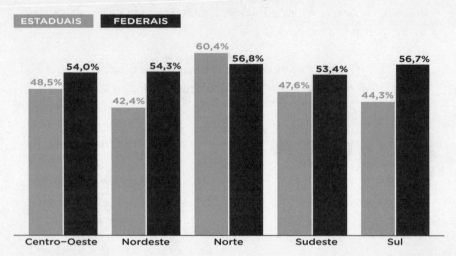

Gráfico 3 – Vagas reservadas nas universidades federais e estaduais (por região, em 2020)

Fonte: GEMAA (Grupo de Estudos Multidisciplinar da Ação Afirmativa), a partir dos editais das universidades.

Esses dados mostram que as políticas de ação afirmativa nos cursos de graduação das universidades públicas brasileiras conseguiram sobreviver no ambiente hostil criado pelo governo Bolsonaro, bem como à sua gestão desastrosa da pandemia em 2020. A Lei n.º 12.711/2012 parece ter sido fundamental para proteger a administração das universidades federais da ação direta do governo federal, justamente por essas instituições estarem sob jurisdição do Ministério da Educação. Contribuíram para tal proteção a mobilização de movimentos sociais e a adesão de setores progressistas da sociedade, que priorizaram a política em sua agenda de reivindicações. Ademais, tivemos no período maior apoio de profissionais da grande imprensa nacional, algo que não aconteceu no debate sobre as cotas que se travou ao longo da década de 2000 (Freitas; Portela; Feres Júnior; Sá; Lima; Flor, 2021). O fato de esses veículos serem mais diversos em seus quadros em 2020 do que eram no começo dos anos 2000 certamente foi um fator favorável à política.

As universidades estaduais continuam sendo mais resistentes às cotas raciais que as federais (Freitas; Lemos; Flor; Sá; Feres Júnior, 2021). Ainda é preciso avaliar, contudo, por que a maior independência administrativa das universidades estaduais não foi convertida em benefício das cotas raciais.

Finalmente, não podemos esquecer que a pandemia de covid-19 gerou novos desafios para os estudantes brasileiros, e para os estudantes cotistas em especial, que precisam, em geral, de mais suporte material do que os outros. O tema da saúde mental dos estudantes, inclusive dos beneficiários das cotas, é algo que também precisa ser mais bem investigado, até mesmo porque pode incidir na permanência destes na universidade (Portela; Feres Júnior; Freitas, 2020). Falando em permanência, esse tema ganhou ainda mais destaque durante a pandemia e precisa ser avaliado de modo pormenorizado. Devido à atual conjuntura econômica do Brasil e aos cortes crescentes no campo da educação, estariam eles evadindo mais do que os demais estudantes?

De fato, para que possamos mensurar a eficácia das ações afirmativas enquanto políticas públicas capazes de diminuir as desigualdades raciais no ensino superior brasileiro, precisamos criar diferentes ferramentas de avaliação. Para isso, faz-se necessário fomentar projetos para investigar não apenas o acesso dos cotistas ao ensino superior público, mas também as condições de permanência destes na universidade, bem como os seus índices de evasão. Temas relacionados ao desempenho desses estudantes na vida acadêmica e à sua transição para o mercado de trabalho são indispensáveis para que a política seja analisada de um modo amplo. Além do amparo da pesquisa científica em cada uma dessas frentes, permanece de suma importância para o sucesso das ações afirmativas nas universidades públicas a mobilização política dos movimentos sociais, assim como o apoio dos setores progressistas da sociedade brasileira.

Referências

Freitas, Jefferson Belarmino de; Portela, Poema E.; Feres Júnior, João; Sá, Izabele; Lima, Louise; Flor, Juliana. *Políticas de ação afirmativa nas universidades federais e estaduais (2013-2019). Levantamento das políticas de ação afirmativa (Gemaa).* Rio de Janeiro: Universidade do Estado do Rio de Janeiro; Instituto de Estudos Sociais e Políticos, 2021.

Freitas, Jefferson Belarmino de; Lemos, Fernanda; Flor, Juliana; SÁ, Izabele; Feres Júnior, João. *Políticas de ação afirmativa nas universidades federais e estaduais (2020). Levantamento das políticas de ação afirmativa (Gemaa).* Rio de Janeiro: Universidade do Estado do Rio de Janeiro; Instituto de Estudos Sociais e Políticos, 2021.

Moreira, Matheus; Saldaña, Paulo. De saída, Weintraub revoga portaria que estipulava cotas na pós-graduação. *Folha de S.Paulo*, 18 jun. 2020. Disponível em: https://www1.folha.uol.com.br/educacao/2020/06/de-saida-weintraub-revoga-portaria-que-estipulava-cotas-na-pos-graduacao.shtml. Acesso em: 5 set. 2022.

Portela, Poema; Feres Júnior, João; Freitas, Jefferson Belarmino de. Raça, gênero e saúde nas universidades federais. *Boletim Gemaa*, n. 8, 2020.

Modelos de ação afirmativa para indígenas[1]

Jefferson Belarmino de Freitas
Poema Portela
João Feres Júnior
Juliana Flor

A primeira política de ação afirmativa voltada especificamente para indígenas em cursos regulares de graduação foi criada no Paraná, em cumprimento da Lei n.º 13.134/2001, ou seja, dois anos antes da Uerj e da Uneb implementarem cotas para negros/as em seus quadros. A lei reservava apenas três vagas em cada uma das universidades do estado e foi desenhada sem consultar nem os representantes das instituições nem os próprios indígenas. Além disso, valia-se de expressões preconceituosas como "índio relativamente incapaz", que foi utilizada no debate para a aprovação da política, justificando-a por uma finalidade "assistencialista" (Paulino, 2013, p. 281).

Por força da Lei n.º 12.711/2012, as políticas de ação afirmativa para a população indígena tornaram-se obrigatórias em todas as universidades federais, no bojo da reserva de vagas para pretos, pardos e indígenas, recorte conhecido como PPI. No desenho da lei federal, a extensão da reserva de vagas é igual à proporção desses três grupos populacionais agregados em relação à população total de cada estado, e tal reserva incide somente sobre 50% das vagas – o restante permanece destinado à concorrência geral. Não podemos propriamente falar de uma ação afirmativa para indígenas no programa federal, pois não há, na letra da lei, mecanismos que garantam sua presença nos quadros estudantis ingressantes. Em outras palavras, a reserva para PPIs pode ser preenchida integralmente por pretos e pardos. Desde que

---

[1] Originalmente publicado em: https://pp.nexojornal.com.br/opiniao/2022/04/19/acoes-afirmativas-para-indigenas-nas-universidades-publicas-brasileiras.

entrou em vigência, a lei federal passou a uniformizar a oferta de vagas para indígenas no sistema federal de educação superior. Em 2019, 44 das 67 universidades federais do país – cerca de dois terços – beneficiavam os indígenas apenas a partir do programa instituído pela Lei n.º 12.711/2012 (Freitas; Portela; Flor; Feres Júnior, 2022).

Mas há também programas de ação afirmativa para indígenas que foram instituídos por leis estaduais ou resoluções próprias das instituições universitárias federais ou estaduais. Esses programas para indígenas estavam presentes em 53 universidades públicas (de um total de 106) em 2019. O Gráfico 4 mostra que, desconsideradas as reservas derivadas da Lei n.º 12.711/2012, as universidades federais destinam no agregado 2,2% de suas vagas ao grupo, enquanto a proporção nas universidades estaduais é de 5,7%.

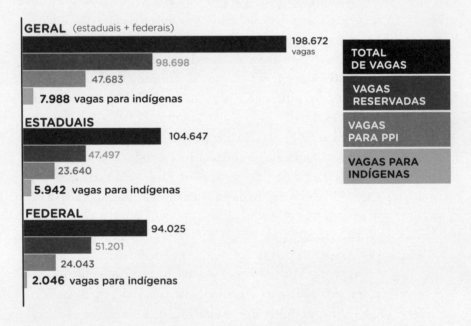

Gráfico 4 – Número de vagas nas universidades com ação afirmativa específica para indígenas (por tipo de reserva nas universidades federais e estaduais em 2019)

Fonte: Elaboração dos autores a partir dos editais das universidades.

As 7.988 vagas destinadas à população indígena estão distribuídas em 53 universidades, sendo 30 estaduais e 23 federais, espalhadas por 18 das 27 unidades federativas do Brasil. São Paulo é o único estado em que o número de vagas reservadas para indígenas chega à casa do milhar. Na outra ponta da distribuição está o Amapá, estado da Amazônia Legal cujas universidades disponibilizam apenas sete vagas para o grupo.

Gráfico 5 – Número de vagas em universidades para indígenas (por tipo de instituição e UF, em 2019, pela Lei n.º 12.711/2012)

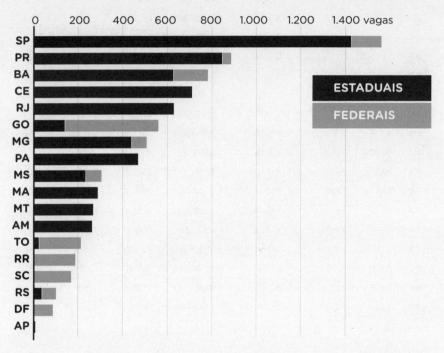

Fonte: Elaboração dos autores a partir dos editais das universidades.

Por fim, a Tabela 1 apresenta como dado central o Índice de Inclusão Racial (IIR), que avalia a eficácia inclusiva das políticas de ação afirmativa para indígenas nas universidades analisadas. Seu cálculo corresponde à proporção de vagas reservadas por políticas específicas para indígenas dividida pela proporção total dessa parcela da população em cada um dos 18 estados em que as instituições estão instaladas, de acordo com os dados demográficos do censo realizado pelo IBGE em 2010. Quanto mais próximo de 1,0 for o valor do IIR, mais a proporção de indígenas na universidade reflete a proporção dessa população no estado.

Tabela 1 – Proporção de vagas reservadas em 2019 nas universidades com políticas específicas para indígenas e proporção da população indígena nas UFs no Censo 2010

UF	Vagas ofertadas no total	Vagas reservadas para indígenas	Proporção vagas reservadas p/ indígenas	População do estado	População indígena do estado	Proporção população indígena	IRR
AM	4.733	264	5,58%	3.483.985	168.680	4,84%	1,15
AP	630	7	1,11%	669.526	7.408	1,11%	1,00
BA	23.617	781	3,31%	14.016.906	56.381	0,40%	8,28
CE	8.602	709	8,24%	8.452.381	19.336	0,23%	35,83
DF	8.834	87	0,98%	2.570.160	6.128	0,24%	4,08
GO	12.425	559	4,50%	6.003.788	8.533	0,14%	32,14
MA	4.894	289	5,91%	6.574.789	35.272	0,54%	10,94
MG	15.553	507	3,26%	19.597.330	31.112	0,16%	20,38
MS	4.379	305	6,97%	2.449.024	73.295	2,99%	2,33
MT	5.490	269	4,90%	3.035.122	42.538	1,40%	3,50
PA	11.604	469	4,04%	7.581.051	39.081	0,52%	7,77
PR	27.563	885	3,21%	10.444.526	25.915	0,25%	12,84
RJ	6.259	628	10,03%	15.989.929	15.894	0,10%	100,30
RR	1.817	188	10,35%	450.479	49.637	11,02%	0,94
RS	23.551	101	0,43%	10.693.929	32.989	0,31%	1,39
SC	9.570	169	1,77%	6.248.436	16.041	0,26%	6,81
SP	24.955	1.558	6,24%	41.262.199	41.794	0,10%	62,40
TO	4.196	213	5,08%	1.383.445	13.131	0,95%	5,35

Fonte: Nexo Políticas Públicas, 2022.

O IIR mostra que as universidades vêm conseguindo espelhar, em suas políticas de inclusão, a população indígena de cada estado, e na maioria das unidades federativas a representação total é ultrapassada. Isso acontece, em grande medida, porque a população indígena dos estados é bastante baixa. Tomemos como exemplo novamente o Amapá: as sete vagas disponibilizadas no estado já são suficientes para que seu IIR atinja 1,0, mas naquele estado apenas 1% da população se identifica como indígena. Roraima é o único caso em que a proporção da reserva fica um pouco abaixo dessa marca populacional, o que é curioso, pois é o estado com a maior proporção de população indígena (11%), entre os casos analisados.

Os dados parecem auspiciosos do ponto de vista da inclusão, pois as universidades estão disponibilizando ações afirmativas para indígenas em proporções que representam a presença da população em cada estado examinado. Resta saber se esse público está realmente acessando tal política. Infelizmente, as universidades ou mesmo o MEC não publicam dados acerca das matrículas efetivas feitas nas instituições de ensino superior. Ademais, ações afirmativas demandam um desenho de política pública que cubra diferentes frentes, pois dificilmente são exitosas sem investimentos financeiros na permanência desses estudantes nas universidades e sem a preparação de material didático e capacitação de pessoal para lidar com a sua diversidade em termos culturais. Também é importante considerar que as universidades regidas pela Lei n.º 12.711/2012 muitas vezes não põem em prática medidas específicas para beneficiar essa população. Isso ocorre inclusive nos seus métodos de seleção, que são, no geral, baseados em conhecimentos de base eurocêntrica, tidos como universais (Freitas, Portela, Flor; Feres Júnior, 2022), como nos próprios conteúdos do Enem (Cardoso, 2020, p. 13).

Ao que tudo indica, políticas localizadas, com medidas específicas para inclusão e manutenção dessa população nas universidades, podem apresentar maior efetividade. Isso é especialmente relevante para o caso em questão, pois processos migratórios não costumam ser vantajosos para os indígenas, que têm o direito à terra como uma de suas principais bandeiras políticas.

Referências

Cardoso, Rodrigo Eduardo Rocha. Os "porquês" das cotas indígenas no acesso ao ensino superior. *Revista Encantar: Educação, Cultura e Sociedade*, v. 2, p. 1-15, 2020.

Freitas, Jefferson Belarmino de; Portela, Poema; Flor, Juliana; Feres Júnior, João. *Políticas de ação afirmativa para indígenas nas universidades públicas brasileiras (2022). Levantamento das políticas de ação afirmativa (Gemaa)*. Rio de Janeiro: Universidade do Estado do Rio de Janeiro; Instituto de Estudos Sociais e Políticos, 2022.

Paulino, Marcos Moreira. Ações afirmativas para indígenas no Paraná. *In*: Lima, Antonio Carlos de Souza; Barroso, Maria Macedo (org.). *Povos indígenas e universidade no Brasil: contextos e perspectivas, 2004-2008*. Rio de Janeiro, E-papers, 2013. p. 273-306.

Projetos de lei de cotas nas últimas três décadas[1]

Natália Neris

Abdias do Nascimento, importante intelectual e ativista do século XX, foi um dos primeiros parlamentares negros a pautar a temática racial no Congresso Nacional. É de sua autoria o Projeto de Lei n.º 1.332/1983, em cuja justificativa lemos:

> Os africanos não vieram para o Brasil livremente, como resultado de sua própria decisão ou opção. Vieram acorrentados, sob toda sorte de violências físicas e morais; eles e seus descendentes trabalharam mais de quatro séculos construindo este país. Não tiveram, no entanto, a mínima compensação por esse gigantesco trabalho realizado. […] É tempo de a Nação brasileira saldar esta dívida fundamental para com os edificadores deste país. […] Fazem-se necessárias, portanto, medidas concretas para implementar o direito constitucional da igualdade racial […].

Nela, o deputado federal, eleito pelo PDT-RJ, apresenta argumentos para a adoção de "medidas concretas, de significação compensatória" – que hoje conhecemos por ações afirmativas – no trabalho, na educação e no tratamento policial.

No que se refere à educação – foco de nossa discussão –, o projeto de lei previa a concessão de bolsas para estudantes negros (na ordem de 40%) pelos ministérios da Educação e Cultura e pelas secretarias de Educação estaduais e municipais em todos os níveis (primário, secundário, superior

---

[1] Originalmente publicado em: https://pp.nexojornal.com.br/opiniao/2020/06/29/cotas-raciais-no-ensino-superior-projetos-de-lei-nas-ultimas-tres-decadas.

e de pós-graduação). No mesmo ano, foi apresentado o Projeto de Lei n.º 1.332/1983, que reservava 20% das vagas nos estabelecimentos de ensino superior fossem ocupadas por estudantes negros que tivessem obtido altas médias de aprovação em cursos do então segundo grau. Ambos os projetos foram arquivados sem apreciação.

No processo constituinte, essa temática retornou ao Congresso Nacional de forma ainda mais radical: o movimento negro reivindicou o fim dos exames vestibulares e propôs que, respeitando a autonomia universitária, instituições de ensino deveriam elaborar e adotar "critério de seleção mais democrático" a fim de que "as camadas mais pobres da população tivessem acesso ao ensino superior".

Como sabemos, essa demanda não foi absorvida e, mais do que isso, foi pouco tematizada durante toda a década de 1990. Nesse período houve apenas cinco projetos de lei sobre o tema.

O debate a esse respeito de fato ampliou-se também no Parlamento a partir dos anos 2000, certamente como reflexo de dois fenômenos importantes: a forte pressão do movimento negro após a 3ª Conferência Mundial contra o Racismo, a Discriminação Racial, a Xenofobia e Formas Correlatas de Intolerância (Conferência de Durban), de 2001, e a adoção, pelas universidades brasileiras – de forma autônoma ou via lei estadual –, de modelos de ação afirmativa, a começar pela Uerj e pela UnB, ambas em 2003. Só nos anos 2000, foram apresentados 16 projetos de lei sobre o tema com diferentes propostas.

O fato é que a discussão não se limitou ao Poder Legislativo, chegando com grande nível de controvérsia ao Poder Judiciário. Data de 2009 a Arguição de Descumprimento de Preceito Fundamental n.º 186, movida pelo Democratas, questionando o sistema de cotas raciais adotado pela UnB. Em abril de 2012, o STF julgou unanimemente pela constitucionalidade da medida.

No mês de agosto do mesmo ano, após 13 anos de tramitação, foi aprovado o projeto de lei que deu origem à Lei de Cotas (Lei n.º 12.711/2012), que regulamenta ações afirmativas nas instituições de ensino superior vinculadas ao Ministério da Educação e nas instituições federais de ensino técnico de nível médio – portanto não abrange instituições estaduais ou privadas.

A lei previu ainda que em 2022, 10 anos após sua aprovação, fosse implementado um programa de acompanhamento para avaliar a necessidade de continuação da política. Entretanto, o governo à época, francamente contrário a essas políticas, não promoveu nenhuma avaliação.

Como a disputa pelo tema se coloca no contexto atual?

Embora a Lei n.º 12.711/2012 e a decisão do STF pudessem ter o papel de pacificar o entendimento sobre a temática, a adoção de cotas raciais segue em disputa no Congresso Nacional. Embora nos deparemos com apenas um projeto de lei mais geral sobre cotas nas universidades nos anos 2010, uma busca específica sobre projetos de lei que tenham por objeto a Lei de Cotas revela que as discussões em torno do tema devem retornar ao debate público: na presente década, identificam-se 21 propostas de alteração da lei em tramitação.

Gráfico 6 – Número de projetos de lei sobre
cotas apresentados por ano (1993-2019)

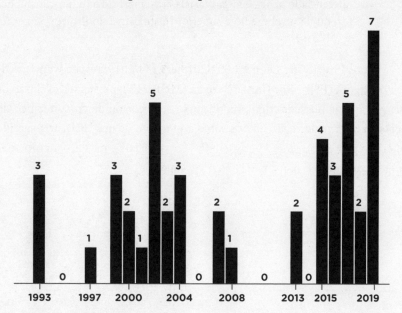

Fonte: Câmara dos Deputados e Senado Federal, 2019.

Entre 2013 e 2018, os projetos preveem, principalmente, expansão ou priorização de grupos como idosos, jovens em acolhimento institucional, estudantes de contextos rurais, indígenas, quilombolas e pessoas com deficiência, e também o critério de regionalidade. Em 2019, a soma maior no número de propostas da década desperta alertas: quatro projetos de lei têm um caráter restritivo.

Os Projetos de Lei n.º 1.531/2019 e 5.303/2019, respectivamente de Dayane Pimentel (PSL-BA) e Dr. Jaziel (PL-CE), intentam retirar o mecanismo de subcotas raciais do texto da lei. Em uma das justificativas, argumentos já pacificados na jurisprudência brasileira retornam:

> Na medida em que – quaisquer formas de discriminação são vedadas constitucionalmente, não caberia à legislação ordinária estabelecer tais distinções raciais no ordenamento jurídico pátrio. Se os brasileiros devem ser tratados com igualdade jurídica, pretos, pardos e indígenas não deveriam ser destinatários de políticas públicas que criam, artificialmente, divisões entre brasileiros, com potencialidade de criar indevidamente conflitos sociais desnecessários. Se o disposto na Carta Magna se aplica a todos os âmbitos, não se deve dar tratamento legal diferenciado para a questão racial para o ingresso na educação pública federal de nível médio e superior (justificativa do Projeto de Lei n.º 1.531/2019).

Já os Projetos de Lei n.º 4.602/2019 e 5.144/2019, respectivamente de Felipe Rigoni (PSB-ES) e Carlos Bezerra (MDB-MT), preveem a exclusão de pessoas que já possuam diploma de curso superior ou de curso técnico do acesso à reserva de vagas, ambos sob o argumento de que "não faria sentido onerar o processo seletivo por meio das cotas sociais e raciais com um contingente de pessoas já formadas no nível superior".

O que as pesquisas dizem sobre as ações afirmativas no ensino superior?[1]

Luiz Augusto Campos
Júlia Hirschle
Márcia Lima
Poema Portela
Fernanda Gonçalves

O Senado recentemente aprovou as modificações na Lei de Cotas no ensino superior (Lei n.º 12.711/2012). A nova redação corrige distorções pontuais e mantém o espírito geral da política de ações afirmativas. Vale lembrar que as cotas no ensino superior foram alvo de uma enorme controvérsia pública no início do milênio, o que levou a uma multiplicação de pesquisas sobre o tema. Mas qual a avaliação das ações afirmativas feita pelos estudos empíricos sobre ensino superior público brasileiro?

Para responder a essa questão, o Consórcio de Acompanhamento das Ações Afirmativas organizou um mapeamento de toda a bibliografia acadêmica dedicada a avaliar empiricamente as cotas no ensino superior. Para tal, utilizamos o *software* livre Publish or Perish (PoP), uma ferramenta que permite compilar listas dos textos mais citados na plataforma Google Scholar, a maior base de referências acadêmicas do mundo. A busca foi feita inicialmente a partir de um rol de palavras-chave articuladas por operadores booleanos, conforme o esquema a seguir. *Grosso modo*, essa expressão de busca permitiu recuperar todos os textos que contivessem termos como "ação afirmativa" em todas as suas variações linguísticas ("ações afirmativas", "cota racial", "racial quotas" etc.) e mencionassem o Brasil.

---

[1] Originalmente publicado em: https://pp.nexojornal.com.br/opiniao/2023/10/25/as-acoes-afirmativas-no-ensino-superior-deram-certo-o-que-as-pesquisas-dizem.

Figura 2 – Palavras-chave

("ação afirmativa" **OU** "ações afirmativas" **OU** "affirmative action" **OU** "affirmative actions" **OU** "cotas raciais" **OU** "cota racial" **OU** "racial quota" **OU** "racial quotas")

E

(Brasil **OU** Brazil)

Essa combinação de palavras funcionou como uma condição para as publicações retornadas pelo programa, resultando em uma filtragem que nos possibilitou acessar somente os estudos que se enquadrassem em nossos objetivos.

A lista inicial de referências retornadas pelo PoP foi de 978 textos. A partir dessa lista, implementamos alguns recortes para refinar ainda mais a base. Como critério de relevância acadêmica, optamos por trabalhar exclusivamente com textos citados em pelo menos um outro texto acadêmico. Como os primeiros estudos empíricos sobre os efeitos concretos das políticas de ação afirmativa começaram a ser publicados apenas em 2006, definimos esse ano como data inicial para o recorte e 2021 como data final, ano imediatamente anterior à realização deste estudo. Isso resultou em um conjunto de 733 textos, incluindo artigos em periódicos, capítulos de livros e textos monográficos, como teses e dissertações. Como próximo passo, concentramo-nos nas referências que discutiam as ações afirmativas em cursos de graduação, o que nos retornou 402 fontes relevantes. Por fim, direcionamos nossa atenção para textos que se fundamentavam em pesquisas empíricas, tanto quantitativas quanto qualitativas, resultando em um total de 237 textos. Essa seleção de publicações constitui a base para as análises que apresentamos a seguir.

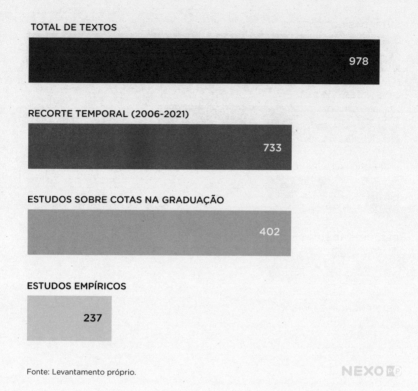

Gráfico 7 – Recortes da pesquisa para seleção de estudos

Fonte: Levantamento próprio.

Nosso banco conta primordialmente com artigos, englobando publicações em simpósios, revistas, anais de congressos e jornais. Dos 237 textos selecionados, a maior parte está voltada para a análise da entrada dos estudantes nos cursos, pensando em aspectos como desempenho, inserção, permanência etc. (totalizando 62 textos). Adicionalmente, há um foco considerável na inserção dos estudantes no espaço acadêmico (22 textos) e no acompanhamento do desempenho desses alunos durante o percurso de graduação (22 textos). Nossa equipe identificou, ainda, que a maioria dos estudos aborda a temática das cotas (163 textos), tanto as com recorte racial quanto as com recorte social. Um número menor de publicações (15) se dedica a analisar o sistema de bônus no ensino superior. Esse panorama ressalta a notável predominância das pesquisas sobre cotas no campo das investigações relacionadas às ações afirmativas.

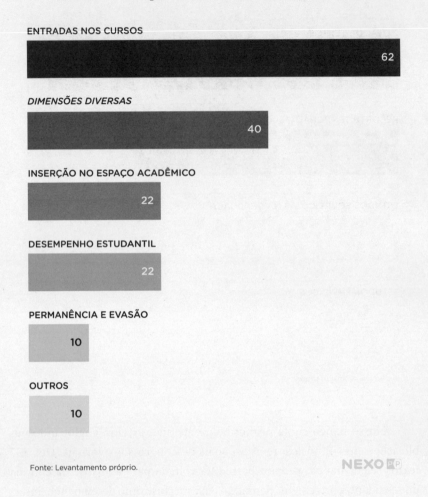

Gráfico 8 – Principais dimensões analisadas pelos estudos

Fonte: Levantamento próprio.

Nossa equipe também identificou os principais grupos de beneficiários das ações afirmativas abordados pelos estudos. Observou-se que 147 textos direcionaram sua atenção para as políticas de recorte racial voltadas para pessoas pretas e pardas; 66 estudos incorporaram a perspectiva de indígenas; 65 abordaram pessoas oriundas de escolas públicas; 49 englobaram todos os grupos especificados na Lei de Cotas, 14 analisaram indivíduos de baixa renda, três consideraram pessoas com deficiência; e cinco estudos não informaram qual ou quais grupos específicos foram o foco de suas análises. A partir desse resultado, podemos observar que a análise de grupos étnico-raciais é predominante nos estudos do nosso banco de dados.

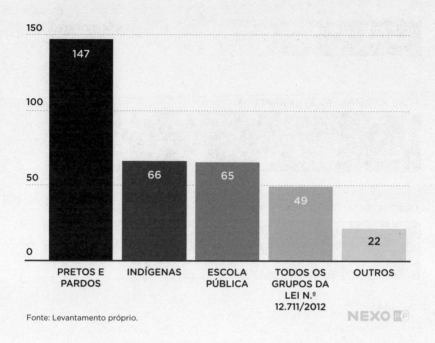

Gráfico 9 – Grupos de estudantes analisados pelos estudos

Fonte: Levantamento próprio.

Por último, buscamos responder a pergunta que norteou a pesquisa: Qual a avaliação das ações afirmativas 20 anos depois de suas primeiras experiências? Para tal, dividimos as publicações em dois grupos: a) aquelas que abordam ações afirmativas com enfoque no recorte étnico-racial (médias para pretos, pardos e indígenas); e b) aquelas que exploram ações afirmativas com foco no recorte socioeconômico (para estudantes de escola pública, baixa renda etc.). Nesse contexto, nossos achados indicam que a grande maioria dos estudos empíricos na área realçam os efeitos positivos dessas políticas, em ambos os grupos.

No que diz respeito às ações afirmativas com recorte social, constatamos que 154 estudos fazem uma avaliação bastante positiva (104) ou levemente positiva (48), ao passo que uma minoria se inclina para uma avaliação levemente negativa (21) ou bastante negativa (10). Por outro lado, no contexto das ações afirmativas com recorte racial, identificamos que 184 estudos fazem uma avaliação bastante positiva, enquanto 64 fazem uma avaliação levemente positiva. Ainda entre estes, 24 estudos fazem uma avaliação levemente negativa, e 17, bastante negativa.

Gráfico 10 – Avaliação das ações afirmativas nos estudos

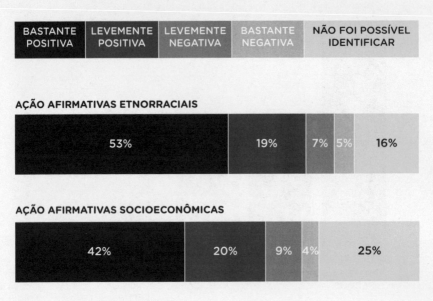

Fonte: Levantamento próprio.

Como é possível perceber, 53% dos manuscritos analisados consideram as ações afirmativas étnico-raciais bastante positivas, enquanto 19% as consideram levemente positivas. No que concerne às ações afirmativas socioeconômicas, 43% as consideram bastante positivas, enquanto 20%, levemente positivas. Temos de levar em conta, também, que esses percentuais crescem ainda mais se desconsiderarmos os textos nos quais não foi possível identificar uma avaliação clara da política: 16% das pesquisas sobre ações afirmativas étnico-raciais e 25% daquelas sobre ações afirmativas socioeconômicas.

Ainda que destaquem problemas, 72% das pesquisas empíricas sobre as ações afirmativas no ensino superior brasileiro as consideram bem-sucedidas. Apesar de eventuais pontos negativos, essa inclinação para visões positivas sugere um impacto globalmente favorável dessas políticas, destacando a importância contínua de sua implementação para promover a equidade e a inclusão no ensino superior brasileiro. Nesse sentido, o foco da nova Lei de Cotas na correção de traços específicos da política e na manutenção do seu espírito geral reflete o conhecimento acumulado sobre essa política que mudou o Brasil.

PARTE II

A história da ação afirmativa em cada caso

Linha do tempo das ações afirmativas na Uerj[1]

Poema Portela
Luiz Augusto Campos

Na história das ações afirmativas no ensino superior brasileiro, a Uerj é pioneira. A partir da mobilização de diferentes atores sociais, articulados com os Poderes Executivo e Legislativo fluminenses, a instituição foi a primeira a implementar, no vestibular de 2002, políticas de cotas para o seu vestibular com recorte socioeconômico e racial.

Ao longo dos anos, uma série de mudanças foram incorporadas à legislação. Ela passou a abranger não apenas estudantes de escolas públicas e pessoas negras, mas também indígenas, pessoas com deficiência, filhos e filhas de agentes de segurança pública mortos ou incapacitados em razão de serviço e, mais recentemente, quilombolas.

O fato de tais políticas decorrerem de leis estaduais não tornou o tema menos polêmico no debate público, ou mesmo internamente à universidade. Ainda assim, a despeito das críticas e ameaças que eventualmente circundam as cotas na Uerj, o desempenho e as trajetórias construídas pelos milhares de pessoas que ingressaram na universidade por meio delas nos últimos 20 anos consolidam a relevância e o sucesso da política.

2000

A partir da Lei n.º 3.524/2000, são introduzidas mudanças nos critérios de ingresso às universidades do estado do Rio de Janeiro, sendo reservados 50% das vagas para pessoas que tivessem cursado integralmente o ensino médio na rede pública de ensino municipal ou estadual. A legislação também estabelecia que esse grupo tivesse isenção da taxa de inscrição.

---

[1] Originalmente publicado em: https://pp.nexojornal.com.br/linha-do-tempo/2021/11/19/acoes-afirmativas-na-uerj.

2001

Em novembro, com a aprovação da Lei n.º 3.708/2001, são instituídas, pela primeira vez no Brasil, cotas raciais no ensino superior público. A lei estabelecia uma reserva de 40% das vagas de graduação da Uerj e da Universidade Estadual do Norte Fluminense (Uenf) para pessoas autodeclaradas "negras e pardas".

É importante dizer que, conforme convencionado a partir de diferentes estudos de raça, a categoria racial "negra" se refere à combinação de pessoas pretas e pardas. Portanto, nessa legislação ela acabou sendo utilizada de forma equivocada. Como o texto da lei não indicava como seria feita a combinação com a política definida anteriormente, emergiram questionamentos sobre a possibilidade de reserva de 90% das vagas. Posteriormente, essa redação foi modificada.

2002

Em meio a fortes críticas na imprensa, é organizada a primeira seleção da Uerj com ações afirmativas. Para garantir a reserva para estudantes de escolas públicas, foram realizados dois processos seletivos, ambos para ingresso em 2003, que dividiam as vagas ao meio: o vestibular tradicional, aberto a qualquer pessoa, e o Sistema de Acompanhamento do Desempenho dos Estudantes do Ensino Médio (Sade), exclusivo para estudantes da rede estadual e municipal.

Já o cálculo dos 40% reservados para pessoas negras foi feito, a princípio, entre candidatos e candidatas do Sade. E, nos casos em que o percentual não fosse atingido, a complementação se deu entre as candidaturas do vestibular tradicional. Esse arranjo garantiu que ambas as políticas em atividade fossem implementadas.

2003

Após a realização do vestibular, em janeiro, entra em vigor a Lei n.º 4.151/2003, que substitui as duas legislações anteriores, reorganiza a distribuição das vagas reservadas e inclui dois novos grupos. Com isso, o percentual mínimo de reserva passa para 45%, divididos entre estudantes da rede pública (20%), pessoas negras (20%) e pessoas com deficiência ou integrantes de minorias étnicas (5%).

É também com essa lei que as ações afirmativas passam a ter caráter prioritariamente social, destinando todas as vagas reservadas para "estudantes carentes", cujas definição e comprovação da condição socioeconômica ficam a cargo da universidade. Além disso, é prescrita a implementação de um programa de apoio pedagógico para estudantes cotistas.

2007

A lei de 2003 é alterada pela Lei n.º 5.074/2007, passando a incluir filhos e filhas de policiais civis e militares, bombeiros militares e inspetores de segurança e administração penitenciária mortos ou incapacitados em razão do serviço. Esse grupo passa a compartilhar as vagas dos 5% destinados a pessoas com deficiência e integrantes de minorias étnicas.

2008

É implementada a Lei n.º 5.346/2008, que revoga a legislação de 2003. Com essa nova lei, é redefinido o parâmetro de enquadramento de estudantes de escola pública, passando a exigir que seja cursado, além do ensino médio, todo o segundo ciclo do ensino fundamental em escolas públicas. Adicionalmente, pessoas indígenas são incluídas como grupo beneficiário, compartilhando as vagas destinadas a pessoas negras, e é determinado um prazo de 10 anos para a revisão da política – o que ocorreu em 2018.

O estado também fica responsável pela implementação de políticas de assistência às pessoas ingressantes através de cotas. Isso ocorre com a oferta de bolsa-permanência durante toda a graduação e a disponibilização de vagas de estágio na administração pública do estado, além do programa de apoio pedagógico (Proiniciar) – já prescrito pela Lei n.º 4.151/2003.

2014

Através da Lei n.º 6.914/2014, é criada a política de ação afirmativa para os cursos de pós-graduação das universidades do estado do Rio de Janeiro, que reserva 30% das vagas de programas de mestrado e doutorado, cursos de especialização, aperfeiçoamento e outros para estudantes de graduação carentes.

Esse percentual se distribui em 12% para pessoas negras e indígenas, 12% para pessoas graduadas na rede pública ou na rede privada – estas últimas desde que beneficiárias de programas do governo como o Fundo de Financiamento Estudantil (Fies) e o Prouni – e 6% para pessoas com deficiência e filhos e filhas de policiais civis e militares, bombeiros militares e inspetores de segurança e administração penitenciária mortos ou incapacitados em razão do serviço.

2018

A política estadual é prorrogada pela Lei n.º 8.121/2018 pelo prazo mínimo de 10 anos, sendo essa a legislação que baliza a política da Uerj atualmente e sua revisão, prevista para 2028. Pessoas oriundas de comunidades quilombolas passam a integrar o escopo de beneficiários – compartilhando os 20% destinados a pessoas negras e indígenas –, e, entre estudantes da rede pública, volta-se a exigir que apenas o ensino médio seja integralmente cursado em escolas municipais, estaduais ou federais.

A lei também passa a permitir que cotistas acumulem a bolsa-auxílio com outras bolsas, especialmente as de iniciação científica e pesquisa, e estabelece que seja realizada uma avaliação bianual que considere os índices de evasão, de desempenho acadêmico e de empregabilidade dos grupos beneficiários da política.

2021

Acompanhando um movimento realizado por outras universidades em busca da apuração e do impedimento de possíveis casos de fraude, a Uerj criou esse ano uma comissão de validação da autodeclaração étnico-racial dos candidatos e das candidatas ingressantes via cotas raciais.

Figura 3 – Como são distribuídas as cotas na Uerj

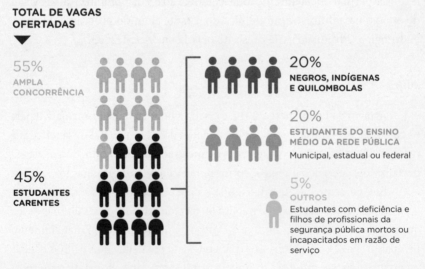

Fonte: UERJ (Universidade do Estado do Rio de Janeiro).

Linha do tempo das ações afirmativas na UnB[1]

Joaze Bernardino-Costa

Na virada do milênio, a UnB despontou no cenário nacional como a primeira universidade federal a implementar políticas de ação afirmativa para estudantes negros/as e indígenas. Ela também foi a primeira instituição de ensino superior (IES) a adotar cotas por iniciativa autônoma de um de seus conselhos superiores, o Conselho de Ensino, Pesquisa e Extensão (Cepe), instância responsável por deliberar acerca de matérias acadêmicas para toda a instituição.

Durante as discussões no Cepe, vivemos momentos intensos de aprendizado e convencimento do conjunto dos conselheiros/as à época e de toda a comunidade acadêmica. Muitos acreditavam que não tínhamos racismo no país.

A UnB também marcou a história das ações afirmativas no Brasil por ter sido a universidade que teve seu programa de cotas para negros/as e indígenas contestado no STF. Em 2012, o Tribunal decidiu unanimemente pela constitucionalidade de tais políticas, abrindo caminho para que o Congresso Nacional aprovasse, no mesmo ano, a atual Lei de Cotas. Após esses momentos turbulentos, o processo de validação da autodeclaração dos estudantes foi aprimorado, e todo o sistema de pós-graduação da universidade adotou ações afirmativas para candidatos/as negros/as, indígenas e quilombolas.

Todos esses capítulos das ações afirmativas na UnB foram produto de um ativismo antirracista de estudantes, servidores docentes e servidores técnico-administrativos, em diálogo com muitos companheiros e companheiras pelo Brasil afora.

---

[1] Originalmente publicado em: https://pp.nexojornal.com.br/linha-do-tempo/2022/05/17/politica-de-acao-afirmativa-na-unb.

A linha do tempo a seguir destaca os principais momentos e acontecimentos do avanço dessa política na UnB.

1998

Ocorre nesse ano a inusitada reprovação em uma disciplina obrigatória
do curso de Doutorado em Antropologia, coincidentemente de um estudante
negro, Ari Lima, que, segundo ele mesmo, seria o primeiro doutorando negro
daquele programa de pós-graduação. A reprovação na disciplina dá início a
um "drama social" vivenciado pessoalmente por Lima (2001) e um profundo
debate sobre racismo cujos desdobramentos dariam início às discussões sobre
a adoção das políticas de ação afirmativa.

Assim, a UnB passa a discutir a implementação de tais políticas de
forma pioneira, quando considerado o conjunto de todas as universidades
públicas brasileiras.

Ao que consta, o movimento negro brasileiro, intelectuais negros/as e
ativistas negros/as já tinham apresentado propostas de ações afirmativas em
ocasiões anteriores, porém, a partir daquele "drama social" também vivido
na instituição, essa foi a primeira vez em que se colocou em discussão uma
proposta de ações afirmativas para reverter a discriminação racial e a cultura
racista de uma instituição de ensino superior do país.

Os anos seguintes seriam de intenso debate na universidade, coincidindo
com discussões em todo o país durante as conferências regionais e a conferência nacional preparatória para a Conferência Mundial contra o Racismo,
a Discriminação Racial, a Xenofobia e Formas Correlatas de Intolerância, que
ocorreu em Durban, na África do Sul, em 2001.

A coincidência desses acontecimentos torna a UnB o centro da discussão
sobre políticas de ação afirmativa no país.

2003

Após sete longas reuniões ordinárias e extraordinárias ocorridas no
decorrer de quase um ano e meio, em 6 de junho de 2003, o Cepe aprova o
Plano de Metas para a Integração Social, Étnica e Racial da UnB, que estabelece 20% de reserva de vagas nos processos seletivos de acesso à graduação
para estudantes negros/as e 20 vagas adicionais para estudantes indígenas
durante 10 anos.

Com a aprovação desse plano de metas, a UnB se torna a primeira universidade federal do país a aprovar uma política de cotas para estudantes negros/as e indígenas, e a primeira instituição de ensino superior a fazê-lo por decisão autônoma de um de seus conselhos superiores.

Destaca-se que a decisão inicial da UnB foi exclusivamente voltada para enfrentar a exclusão étnico-racial, não ficando subordinada a critérios de classe (Carvalho; Segato, 2002).

2004

A política de cotas da UnB começou a ser implementada no primeiro processo seletivo de 2004. A despeito das discussões à época, a administração superior da universidade optou por validar a autodeclaração dos/as candidatos/as por meio de uma análise baseada em fotografias (Siqueira, 2004).

Esse mecanismo de verificação da autodeclaração, fortemente questionável à época, foi alvo de massivo ataque por opositores da política de ação afirmativa, que acusaram a UnB de instalar um tribunal racial no país.

2007

Dois irmãos gêmeos univitelinos se inscrevem no processo seletivo do segundo semestre de 2007, um tendo sua autodeclaração confirmada, e o outro, não. Era tudo o que a oposição às políticas de ação afirmativa queria: jogar fora a criança com a água do banho.

Reportagem de capa da edição de 6 de junho de 2007 da revista *Veja* explora o caso, forçando a UnB, acertadamente, a rever o sistema de validação da autodeclaração dos/as candidatos/as (cf. Zakabi; Camargo, 2007).

2008

A partir do primeiro vestibular de 2008, a UnB revê seu sistema de verificação da autodeclaração dos/as candidatos/as, substituindo o sistema com base na análise de fotografia por um sistema com base em entrevistas presenciais.

Esse sistema com base em entrevistas duraria até 2013, quando o Plano de Metas para a Integração Social, Étnica e Racial é substituído pela Lei de

Cotas, aprovada pelo Congresso Nacional, que não prevê nenhum mecanismo de controle da autodeclaração dos/as candidatos/as.

2009

Em 20 de julho, o partido político Democratas protocola a Arguição de Descumprimento de Preceito Fundamental n.º 186 no STF, alegando que a política de cotas racialmente orientada da UnB violava preceitos fundamentais da Constituição brasileira.

2012

Após *amicus curiae* para apreciação da ADPF n.º 186, em abril de 2021, o STF aprova por unanimidade o parecer do relator da ação, ministro Ricardo Lewandowski, declarando a constitucionalidade da política de cotas da UnB com base exclusivamente em critérios étnico-raciais.

Em agosto de 2012, o Congresso Nacional aprova a Lei de Cotas (Lei n.º 12.711/2012).

2013

Ocorre o primeiro processo seletivo da UnB com base na Lei de Cotas sem banca de validação da autodeclaração do/a candidato/a, uma vez que a lei não estabeleceu a obrigatoriedade desse procedimento.

Em julho de 2013, o Programa de Pós-Graduação em Sociologia aprova política de reserva de 20% de suas vagas no ingresso na pós-graduação para estudantes negros/as. Três meses depois, em outubro, o colegiado do Programa de Pós-Graduação em Antropologia também aprova sua política de ação afirmativa, que previa, além de reserva de 20% de vagas candidatos/as negros/as, duas vagas adicionais para candidatos/as indígenas e uma vaga adicional para candidatos/as quilombolas em cada processo seletivo. O pioneirismo desses dois programas desencadeia uma discussão sobre a adoção das ações afirmativas na pós-graduação da UnB. Até a aprovação da resolução para toda a universidade, 16 programas de pós-graduação autonomamente decidiram implementar ações afirmativas nos seus processos seletivos (Bernardino-Costa; Borges, 2021).

2016

O coletivo estudantil Ação e Justiça Antirracista (AJA) realiza denúncia ao Ministério Público Federal, com uma lista de mais de 100 estudantes suspeitos/as de terem fraudado o sistema de cotas.

2017

No dia 13 de setembro, o Ministério Público Federal e a UnB assinam um Termo de Ajuste de Conduta, em que esta se compromete a 1) realizar, nos próximos processos seletivos para ingresso nos cursos de graduação, o procedimento de verificação da autodeclaração de candidatos/as negros/as; 2) instaurar procedimentos investigativos com o fim de apurar denúncias referentes a supostas fraudes no ingresso de estudantes por meio do sistema de cotas raciais; e 3) dar início à tramitação das negociações, nas instâncias internas competentes, acerca da viabilidade de implementação de cotas raciais nos programas de pós-graduação.

2019

Após longo processo investigativo, a comissão de sindicância, constituída pela Reitoria, apresenta relatório final, que recomenda a abertura de Processo Administrativo Disciplinar relativo a 27 dos 100 estudantes investigados por suspeita de fraude.

2020

No dia 4 de junho, a UnB aprova a Resolução Cepe n.º 44/2020, que estabelece reserva de 20% das vagas para candidatos/as negros/as, uma vaga adicional para indígena e uma vaga adicional para quilombola em todos os processos seletivos de acesso à pós-graduação. Além disso, a resolução prevê a concessão prioritária de bolsas de mestrado e doutorado para candidatos/as optantes pela política de ação afirmativa (Bernardino-Costa; Borges, 2021).

Como resultado do Processo Administrativo Disciplinar aberto e em observância ao respeito à dignidade humana e ao direito do contraditório, da ampla defesa e do devido processo legal, no dia 14 de julho, a universidade decide expulsar 15 estudantes, cassar o diploma de dois e anular os créditos de outros oito que já estavam afastados da universidade por terem fraudado o sistema de cotas (UnB Notícias, 2020).

No dia 21 de setembro, a UnB aprova resolução que institui bancas de heteroidentificação nos processos seletivos da pós-graduação (cf. Bernardino--Costa; Borges, 2021). A partir do momento de aprovação da Resolução Cepe n.º 44/2020, a UnB passa a ter esse mecanismo complementar de verificação da autodeclaração racial dos/as candidatos/as apenas na pós-graduação.

2021

No dia 4 de março, é apresentado parecer sobre os recursos interpostos por ex-discentes contra a decisão de suas exclusões por parte da administração superior da UnB. O parecer é aprovado pelo Conselho Universitário, confirmando a expulsão dos discentes da universidade.

A fim de evitar futuros casos de processos de sindicância que pudessem resultar na expulsão de estudantes da universidade, o parecer da comissão reforça a demanda de especialistas e ativistas pró-ações afirmativas e recomenda a criação de comissões de heteroidentificação no processo seletivo de acesso à graduação.

2022

No dia 24 de fevereiro, o Cepe aprova a resolução que cria as comissões de heteroidentificação na graduação, unificando assim os processos de entrada na graduação e pós-graduação. A comissão de heteroidentificação da UnB baseia-se no que chamamos de um processo de autodeclaração confrontado ou dialógico, que se dá num processo de entrevista em que nem o/a candidato/a nem os/as integrantes da banca são absolutos na definição do pertencimento racial do/a candidato/a. O resultado da entrevista é a síntese da autodeclaração e da heteroidentificação, em que se garante ao/à candidato/a, como sujeito no processo de entrevista, fundamentar sua autodeclaração anunciada no momento da inscrição no processo seletivo (Carvalho, 2020).

Referências

Bernardino-Costa, Joaze; Borges, Antonádia. Um projeto decolonial antirracista: ações afirmativas na pós-graduação da Universidade de Brasília. *Educação & Sociedade*, v. 42, p. 1-18, 2021. Disponível em: https://doi.org/10.1590/ES.253119. Acesso em: 13 mar. 2025.

Carvalho, Jose Jorge; Segato, Rita Laura. *Uma proposta de cotas para a Universidade de Brasília*. Brasília, DF: Departamento de Antropologia/UnB, 2002. (Série Antropologia, n. 314.). Disponível em: http://www.dan.unb.br/images/doc/Serie314empdf.pdf. Acesso em: 13 mar. 2025.

Lima, Ari. A legitimação do intelectual negro no meio acadêmico brasileiro: negação de inferioridade, confronto ou assimilação intelectual? *Afro-Ásia*, n. 25-26, p. 281-312, 2001. Disponível em: https://doi.org/10.9771/aa.v0i25-26.21015. Acesso em: 13 mar. 2025.

Siqueira, Carlos Henrique Romão de. O processo de implementação das ações afirmativas na Universidade de Brasília (1999-2004). *O Público e Privado*, n. 3, p. 165-188, 2004.

UnB Notícias. *UnB expulsa estudantes que fraudaram o sistema de cotas*. Universidade de Brasília, 14 de julho de 2020. Disponível em: https://noticias.unb.br/76-institucional/4297-unb-expulsa-estudantes-que-fraudaram-sistema-de-cotas. Acesso em: 13 mar. 2025.

Zakabi, Rosana; Camargo, Leoleli. Eles são gêmeos idênticos, mas, segundo a UnB, este é branco e este é negro. *Veja*, Edição 2011, 6 jun. 2007.

Linha do tempo das ações afirmativas na UFBA[1]

Yuri Santos de Brito

A UFBA foi uma das universidades pioneiras – a terceira entre as federais – na adoção das ações afirmativas no Brasil, em 2004. Tal decisão foi tomada no bojo de um movimento mais amplo de consolidação de reivindicações de medidas de combate à desigualdade racial e econômica no Brasil, a partir de um acúmulo de forças com a reorganização do movimento negro desde o descenso do regime militar.

É nesse contexto que começou o desenvolvimento de um programa de ações afirmativas que envolvia mais do que as cotas para acesso à graduação. Construiu-se, ao longo do processo, uma sequência de debates temáticos, focados em quatro pontos: 1) preparação, que incluía ações para melhoria do ensino básico, produção de material didático, apoio a cursos pré-vestibulares gratuitos, entre outras propostas; 2) ingresso, que criava as cotas; 3) permanência, que abarcava as questões de bolsas estudantis, tutoria acadêmica, cursos noturnos e em turno único, entre outras; e 4) pós-permanência, com assessoria aos egressos, cursos de informática e línguas estrangeiras, preparação para a pós-graduação e bolsas no exterior (Almeida Filho *et al.*, 2005; Queiroz e Santos, 2012).

Do ponto de vista das cotas no vestibular – a forma principal de ingresso até 2013, quando o Enem é adotado –, o modelo é similar ao da Lei de Cotas, com uma reserva para escola pública com recorte racial. Ao todo, a Resolução n.º 1/2004 do Conselho Superior de Ensino, Pesquisa e Extensão (Consepe) estabeleceu reserva de 43% das vagas de todos os cursos para estudantes que tenham cursado o ensino médio e pelo menos uma série do ensino fundamental 2

---

[1] Originalmente publicado em: https://pp.nexojornal.com.br/linha-do-tempo/2021/12/20/cotas-na-ufba-licoes-de-uma-experiencia-pioneira.

em escolas públicas. Destas, 85% seriam reservadas para estudantes autodeclarados pretos, pardos ou indígenas. Caso essas vagas não fossem preenchidas, elas seriam ocupadas primeiro por estudantes autodeclarados pretos e pardos de escolas particulares; e, no caso de ainda assim restarem vagas, estas seriam preenchidas por candidatos da ampla concorrência. Além disso, havia uma reserva de 2% para estudantes "que se declarem índios descendentes" e que tivessem cursado o ensino fundamental 2 e o ensino médio exclusivamente em escolas públicas. Por fim, em cada curso se admitia a criação de duas vagas extras para "índios aldeados ou moradores de comunidades remanescentes dos quilombos" que houvesse cursado o ensino fundamental 2 e o ensino médio em escolas públicas, obtivessem a nota mínima na primeira fase do vestibular e não fossem eliminados na segunda fase. Essa reserva de vagas era aplicada em todas as fases da seleção e era desconsiderada em casos em que os percentuais de classificados dos grupos aptos às cotas superassem os percentuais estabelecidos na resolução.

Ao longo do tempo, políticas que não estavam previstas no programa original foram implementadas, como as cotas na pós-graduação e resoluções para garantir a efetividade da Lei de Cotas nos concursos docentes; além disso, um conjunto de políticas de expansão da universidade significou mais investimentos em políticas que complementam as previstas no plano, favorecendo a expansão de cursos noturnos e a construção de equipamentos de assistência estudantil.

2001

Durante a tramitação de um projeto de resolução que alterava as regras do vestibular da UFBA, então principal forma de ingresso, foi apresentada uma proposta de reserva de 40% das vagas do vestibular para pessoas negras. A iniciativa partiu do Diretório Central de Estudantes, que tinha criado recentemente, na gestão Declare Guerra, uma Diretoria de Combate ao Racismo, ganhou adesão do Instituto de Física e foi apresentada pelo conselheiro estudantil Daniel Abreu.

2002

A resolução aprovada em 2002 não incluía a reserva de vagas, mas um grupo de trabalho foi constituído para analisar a proposta, sem avanços nos primeiros momentos. Com a posse da nova administração, liderada pelo reitor Naomar de Almeida Filho, esse grupo de trabalho passou a atuar mais ativamente na elaboração de uma proposta.

2003

Foi formado o Comitê Pró-Cotas, constituído por organizações do movimento negro e estudantil, com relevante participação do Centro de Estudos Afro-Orientais e do Programa A Cor da Bahia na interlocução institucional e na formulação da política, e esse se tornou um ponto fundamental da articulação a favor das cotas. Constituíram-se então dois processos paralelos: a tramitação nos órgãos colegiados e uma intensa mobilização social em defesa das cotas. Houve uma sequência de debates temáticos propostos pela administração central e também passeatas, atos e uma ocupação estudantil na Reitoria exigindo a participação estudantil no grupo de trabalho.

2004

Após intensos debates nas congregações das unidades acadêmicas, atos e debates promovidos pelos movimentos sociais e também nas listas de e-mails docentes, em 26 de julho de 2004 foi apresentada a proposta final. O modelo é similar ao da Lei de Cotas federal, com reserva de vagas para estudantes de escolas públicas com recorte racial para negros e indígenas ("indiodescendentes"), além de vagas extras para indígenas ("índios aldeados") e quilombolas. Na reunião do Consepe, que ocorreu no lotado Salão Nobre do Palácio da Reitoria, foi apresentada uma contraproposta de cotas apenas sociais, porém o modelo misto foi aprovado por 41 votos favoráveis, dois contrários e duas abstenções.

2007

No contexto do Reuni, a UFBA adotou uma série de medidas relevantes para a democratização do acesso e que atuam como complementos fundamentais às ações afirmativas, tais como o incentivo à criação de cursos noturnos, que eram raros na universidade, a padronização dos turnos dos cursos, que tinham disciplinas em turnos variados, e o investimento em estruturas de assistência estudantil, cujos resultados seriam sentidos anos depois, por exemplo, com a inauguração do Restaurante Universitário (2010), da Residência Universitária Estudante Frederico Peres Rodrigues Lima (2012) e do Restaurante Universitário de São Lázaro (2016).

2012

Houve nesse ano a aprovação da Lei n.º 12.711/2012, a Lei de Cotas, que instituiu um regime de cotas mínimo para todas as universidades e institutos federais, contemplando estudantes de escola pública, com recortes para estudantes negros/as e para estudantes de baixa renda e vagas extras para indígenas e quilombolas, com prazo de 10 anos, quando a lei sofreria revisão. Os dados disponíveis apontam que a UFBA, a essa época, já era uma universidade transformada, em especial nos cursos de maior prestígio: nestes, de 2004 a 2012, entre os aprovados no vestibular, a participação de estudantes pardos e pretos aumentou de 54% para 66%; de estudantes de escolas públicas, de 33% para 45%; de mulheres, de 40% para 47%. A participação de estudantes cujas famílias tinham rendimento total de até cinco salários mínimos saltou de 16% para impressionantes 46%, enquanto a daqueles com famílias de renda superior a cinco salários mínimos recuou de 84% para 54%, reduzindo a distância do perfil discente em relação ao perfil demográfico. Por outro lado, o rendimento acadêmico não teve mudanças significativas, com as diferenças de coeficiente de rendimento (média ponderada das notas nas matérias) ficando, em geral, em torno de um ponto (Queiroz e Santos, 2013). Havia também indícios de que o desempenho acadêmico dos cotistas tendia a aumentar durante o curso, chegando a superar, em média, o de não cotistas nas etapas finais da graduação (Guimarães, Costa e Almeida Filho, 2011).

2013

A UFBA aderiu ao Sisu e passou a usar o Enem como método de ingresso na universidade. Antes, utilizava um sistema de vestibular em duas fases, com provas aplicadas em Salvador e em outras cidades-polo do estado. Com o Sisu, a barreira imposta pelos custos de realização dessas provas deixou de existir, com a possibilidade de qualquer estudante concorrer às vagas fazendo provas em seu município de origem.

2017

Foi aprovada a Resolução n.º 1/2017, que institui cotas de 30% para pessoas negras na pós-graduação. Além disso, a resolução cria quatro vagas extras para indígenas, quilombolas, pessoas com deficiência e pessoas trans. Com isso, todos os programas de mestrado e doutorado da UFBA passaram a ter obrigatoriedade de executar essa reserva.

2018

Após intensas reivindicações, com destaque para a articulação feita pelo Coletivo Luiza Bairros, a UFBA adotou um procedimento para garantir a efetividade da Lei n.º 12.990/2014, que reserva vagas para pessoas negras em concursos públicos. O fracionamento dos editais em bancas para poucos professores servia, até então, de argumento para a não aplicação da lei, sob a justificativa de que não seria possível aplicar as cotas em cada banca, pois estas selecionariam um ou dois candidatos apenas. No concurso de 2018, o item 5.2 do edital previu que as cotas fossem aplicadas ao total de vagas do edital, e não para cada banca específica; e, no item 10, determinou a obrigatoriedade de convocação de pessoas negras nas bancas com três ou mais vagas em disputa, bem como a formação de uma lista em ordem decrescente de pontuação com todas as pessoas negras aprovadas, e estas seriam convocadas para as suas áreas conforme sua colocação nessa lista e seguindo os percentuais da lei. Também foi estabelecida uma banca de avaliação da autodeclaração, com base em critérios exclusivamente fenotípicos.

2019

A UFBA adotou a prática de bancas de avaliação de autodeclaração racial para candidaturas aprovadas no Sisu, atendendo a reivindicação de movimentos sociais. A comissão foi formada por cinco pessoas, com filmagem e fotografia para viabilizar a possibilidade de recursos, e com o indeferimento automático da aprovação de quem se ausentar da banca de verificação.

Referências

Almeida Filho, Naomar de et al. Ações afirmativas na universidade pública: o caso da UFBA. Salvador: Ceao, 2005.

Guimarães, Antônio Sérgio Alfredo; Costa, Lilia Carolina; Almeida Filho, Naomar de. Inclusão social e rendimento escolar: o caso da UFBA. *In*: Encontro Anual Da Anpocs, 35, 2011, Caxambu. *Anais eletrônicos*. Caxambu: Anpocs, 2011. Disponível em: https://www.researchgate.net/publication/303517459_Social_Inclusion_in_Brazilian_Universities_The_Case_of_UFBa. Acesso em: 21 out. 2021.

Nascimento, Jaqueline Dourado do. *Mulheres nos cursos de engenharia da UFBA: um estudo sobre acesso e desempenho*. 2017. 269 f. Tese (Doutorado em Educação) – Faculdade de Educação, Universidade Federal da Bahia, Salvador, 2017.

Queiroz, Delcele Mascarenhas; Santos, Jocélio Teles dos. As cotas na Universidade Federal da Bahia: história de uma decisão inédita. *In*: Santos, Jocélio Teles dos (org.). *Cotas nas universidades: análises dos processos de decisão*. Salvador: Ceao, 2012. p. 41-76.

Queiroz, Delcele Mascarenhas; Santos, Jocélio Teles dos. O impacto das cotas na Universidade Federal da Bahia (2004-2012). *In*: Santos, Jocélio Teles dos (org.). *O impacto das cotas nas universidades brasileiras*. Salvador: Ceao, 2013. p. 37-66.

Linha do tempo das ações afirmativas na Unicamp[1]

José Alves de Freitas Neto

Na Unicamp, o debate a respeito das ações afirmativas começou em 2003 e ganhou relevo sobretudo em 2016, com a criação de um grupo de trabalho sobre cotas e com a realização de audiências públicas nas quais participaram movimentos sociais, especialistas e lideranças.

Para qualificar o debate sobre o assunto, é importante retomar a história das políticas de acesso às instituições de ensino superior e atentar para as principais contribuições dessa política.

2003

Houve discussão interna sobre políticas de inclusão e criação do Programa de Ação Afirmativa e Inclusão Social (Paais), adotando-se uma bonificação na nota dos vestibulandos oriundos da escola pública. Estudantes pretos, pardos e indígenas recebiam bonificação adicional.

O debate interno não priorizou a adoção de cotas, pois se considerava que a bonificação permitiria distintos rendimentos e não imporia um "teto" à presença de estudantes de escola pública e dos autodeclarados pretos, pardos e indígenas.

2004

O Paais foi aprovado no Conselho Universitário, com a bonificação de 30 pontos na nota padronizada para estudantes de escola pública e 10 pontos extras para pretos, pardos e indígenas.

---

[1] Originalmente publicado em: https://pp.nexojornal.com.br/linha-do-tempo/2021/12/09/politicas-de-inclusao-na-unicamp.

2005

Foi realizado o primeiro vestibular com a adoção do Paais. Os ingressantes de escola pública totalizaram 34,2% dos matriculados, e 18,9% eram pretos ou pardos. No ano anterior, eram 28% de escola pública, e apenas 11,3% eram pretos ou pardos.[2]

2014

O Paais passou por reformulação, com a duplicação da bonificação por tipo de escola e por etnia e raça (60 + 20 pontos).

2016

Foi adicionada bonificação na redação e houve alteração por cor/raça (90 pontos). Os resultados no Vestibular 2017 foram recordes de escola pública (50,2%) e 21,8% de pretos e pardos.[3]

Nesse ano, houve uma ampla mobilização estudantil e do movimento negro pelas cotas étnico-raciais. Ao final de uma greve, foi criado um grupo de trabalho sobre cotas e foram definidas audiências públicas com movimentos sociais, especialistas e lideranças.

2017

Foram aprovadas as cotas étnico-raciais e a criação do Vestibular Indígena. Foi instaurado um novo grupo de trabalho, que definiu o formato das cotas e diversificou o sistema de ingresso na Unicamp, passando a contar com Vestibular Unicamp (mantendo o Paais e estabelecendo cotas), Vestibular Olímpico, Vagas pelo Enem e Vestibular Indígena.

A meta das cotas da Unicamp é ter 37% de estudantes pretos e pardos. A mudança aconteceu para que houvesse distribuição homogênea em todos

---

[2] Comvest – Comissão Permanente para os Vestibulares da Unicamp. Painel. Disponível em: https://comvest-pesquisa.shinyapps.io/dash-comvest/. Acesso em: 27 mar. 2025.

[3] Comvest – Comissão Permanente para os Vestibulares da Unicamp. Painel. Disponível em: https://comvest-pesquisa.shinyapps.io/dash-comvest/. Acesso em: 27 mar. 2025.

os cursos e, principalmente, porque a demanda por cotas era uma bandeira política que reafirmava o compromisso com as políticas de ações afirmativas.

2019

Foi o primeiro ano dos sistemas de ingresso com cotas étnico-raciais, com piso mínimo de 25% das vagas para pretos e pardos.

Os resultados foram 35,1% de pretos e pardos, 2,1% de indígenas e 47,9% de escola pública.[4]

2021

A Unicamp ampliou a concessão de isenção da taxa de inscrição no vestibular para estudantes oriundos de escola pública. Buscou-se, assim, atenuar a queda prevista do número de inscritos pertencentes a esse grupo, decorrente da crise econômica associada à pandemia.

---

[4] Comvest – Comissão Permanente para os Vestibulares da Unicamp. Perfil Socioeconômico dos Candidatos. Disponível em: https://pesquisacomvest.shinyapps. io/PerfilSocioEconomico/. Acesso em: 27 mar. 2025.

Linha do tempo das ações afirmativas na UFMG[1]

Ana Paula Karruz

Desde o início dos anos 2000, havia um entendimento compartilhado na comunidade da UFMG sobre a necessidade de políticas para maior inclusão, porém faltava consenso quanto aos meios. Diversos gestores temiam uma deterioração da excelência acadêmica e viam a reserva de vagas como uma ameaça ao mérito enquanto critério de seleção; outros rejeitavam ações afirmativas de cunho racial, por acreditarem que as desigualdades no ensino superior se originassem nas desigualdades de renda e de trajetória escolar (Gonzaga, 2017; Colen; Jesus, 2018).

Nesse impasse, pela maior parte dos anos 2000 a UFMG apostou na expansão das vagas noturnas como estratégia para incluir as camadas mais pobres da população e os estudantes negros. Todavia, foi somente a partir de 2009, com recursos do Reuni (criado pelo Decreto n.º 6.096/2007), que a universidade pôde ampliar substantivamente suas ofertas.

As ações afirmativas no acesso à UFMG iniciaram-se com um sistema de bônus na seleção para ingresso em 2009. Até então, existiam ações de inclusão social, mas não de cunho racial. Destacam-se duas frentes: a assistência estudantil, em operação desde 1929, apenas dois anos após a fundação da universidade; e o programa de isenção da taxa do vestibular para candidatos que comprovassem incapacidade de assumir essa despesa, existente desde 1971 (UFMG, 2008, p. 82). A implantação de políticas afirmativas de cunho racial foi tardia na UFMG em relação a outras instituições, como UnB (2004), Unicamp (2005) e UFSC (2008).

---

[1] Originalmente publicado em: https://pp.nexojornal.com.br/linha-do-tempo/2022/08/04/trajetoria-de-inclusao-na-ufmg-da-aposta-nos-cursos-noturnos-as-cotas-na-pos-graduacao.

Vigente de 2009 a 2012, o bônus adicionava 10% à nota no vestibular de candidatos egressos de escolas públicas; entre estes, pretos e pardos eram elegíveis a mais 5%, somando um acréscimo de 15%. Antes do bônus, cerca de 70% dos ingressantes eram brancos; com o bônus e o aumento de vagas propiciado pelo Reuni, esse percentual caiu para 50% (Paula; Nonato; Nogueira, 2022).

Em 2013 iniciou-se a implementação da Lei de Cotas (Lei n.º 12.711/2012), concluída em 2016. Ao reservarem vagas em cada curso e turno, as cotas possibilitaram a diversificação dos ingressantes em todas as ofertas:

> Em síntese, a política de bônus atuou sobre as chances de acesso na UFMG, reduzindo consideravelmente as desigualdades verticais, mas preservando as desigualdades horizontais, pois o acesso por parte do público-alvo ocorreu fundamentalmente em cursos de baixa seletividade. A política de cotas, por sua vez, ao reservar o mínimo de 50% das vagas por curso, permitiu manter uma equalização global similar à política do bônus, ao mesmo tempo que tem reduzido de modo mais expressivo as desigualdades horizontais da instituição (Paula; Nonato; Nogueira, 2022, p. 21).

Os últimos anos têm sido marcados pelo aprimoramento de processos (como heteroidentificação da condição racial, programa permanente de vagas adicionais destinadas a candidatos indígenas) e pela reserva de vagas em todos os cursos da pós-graduação *stricto sensu*. Por definição do Conselho de Ensino, Pesquisa e Extensão (Resolução n.º 2/2017), desde 2018, entre 20% e 50% das vagas são reservadas a candidatos negros em cada curso de mestrado e doutorado da UFMG.

2002: primeiros estudos e mobilizações em favor de ações afirmativas

Em 2002, sob a liderança da professora Nilma Lino Gomes, foi fundado o Programa Ações Afirmativas (PAA) na UFMG, um projeto de pesquisa, ensino e extensão. O PAA buscava o fortalecimento acadêmico e material de graduandos negros, sobretudo os de baixa renda, via participação em eventos científicos, grupos de estudo e projetos de pesquisa, entre outras ações. Sediado na Faculdade de Educação e ainda em atividade, ao longo dos anos o PAA foi incorporando pesquisadores de diversas unidades e passou a funcionar como centro de mobilização em defesa de ações afirmativas de cunho racial na universidade (Santos, 2018).

2003-2007: aposta na inclusão via cursos noturnos

Em 2003, o Conselho Universitário decidiu que a ampliação das vagas noturnas seria o mecanismo principal de inclusão social na UFMG. Essa aposta dava continuidade a um processo de expansão iniciado na década anterior e que priorizava as licenciaturas, especialmente no turno da noite. Mais de dois terços das 731 vagas criadas na UFMG entre 1990 e 1999 eram noturnas (Braga; Peixoto; Bogutchi, 2000).

Em meio a incertezas sobre a possibilidade de contratação de novos professores e resistências internas a cursos noturnos, a estratégia formalizada em 2003 não se materializou. Entre 2003 e 2006, a oferta noturna cresceu em 280 vagas (de 720 para 1.000); ainda assim, mantinha-se modesta em relação ao total de vagas ofertadas, que passou de 4.422 para 4.674 no mesmo período (Braga; Peixoto, 2008).

2008-2012: expansão das vagas e adoção de bônus

Com o apoio do Reuni (Decreto n.º 6.096/2007), a UFMG expandiu em 44% o número de vagas em cursos presenciais (de 4.674 em 2007 para 6.740 em 2012), via criação de 27 cursos e aumento de vagas em cursos existentes. Das novas vagas, 69% eram noturnas (UFMG, 2018, p. 44, 309).

Em 2009, a universidade adotou o Programa de Bônus, a primeira política afirmativa de cunho racial da UFMG. Estabelecido pelo Conselho Universitário via Resolução n.º 3/2008, o programa concedia bônus de 10% da nota obtida em cada etapa do vestibular para candidatos que tivessem cursado escola pública desde o 5º ano do ensino fundamental até o final do ensino médio; entre estes, autodeclarados pretos ou pardos recebiam um bônus adicional de 5%, totalizando um acréscimo de 15% em suas notas. O Movimento Afirmando Direitos (MAD), que congregava o PAA e outros grupos, foi bastante atuante nos meses que antecederam a aprovação do Programa de Bônus. O movimento demandava que o Conselho Universitário pautasse o tema das ações afirmativas.

Em 2010, foi implementado o Programa Especial de Admissão de Estudantes Indígenas (Resolução n.º 7/2009, do Conselho Universitário). Entre 2010 e 2013, 46 alunos indígenas nos cursos de Agronomia, Ciências

Biológicas, Ciências Sociais, Enfermagem, Medicina e Odontologia ingressaram por meio desse programa de vagas adicionais.

2013-2016: implementação da Lei de Cotas e adesão ao Sisu

Em 2013, o Programa de Bônus foi substituído pela reserva de vagas para egressos do ensino médio público (com subcotas para candidatos de baixa renda e pretos, pardos e indígenas), definida pela Lei n.º 12.711/2012 (Lei de Cotas). A UFMG aplicou apenas os percentuais mínimos de reserva exigidos pela lei: 12,5% em 2013, 25,0% em 2014, 37,5% em 2015 e 50,0% desde 2016.

A partir do processo seletivo para entrada no primeiro semestre de 2014, o vestibular foi substituído pelo Sisu. Assim, a alocação das vagas passou a balizar-se unicamente pela pontuação no Enem, exceto para alguns poucos cursos que consideram também provas de habilidades específicas (por exemplo, Dança, Música e Teatro).

2017 até o presente: consolidação de políticas afirmativas e estabelecimento de cotas na pós-graduação

Em 2017, foi implementado, de maneira permanente, o Programa de Vagas Suplementares para Estudantes Indígenas (instituído pela Resolução n.º 15/2016, do Conselho Universitário). Cada colegiado de curso define se ofertará vagas adicionais para candidatos indígenas, via processo seletivo específico para esse público.

Em 2018, a UFMG adotou pela primeira vez subcotas na graduação para pessoas com deficiência, em obediência à Lei n.º 13.409/2016.

Também no processo seletivo para ingresso em 2018 passou-se a exigir, no momento da matrícula para vagas reservadas a pretos e pardos, uma autodeclaração racial consubstanciada na qual o candidato discorre sobre seu pertencimento étnico-racial. Essa medida foi uma reação da UFMG ao então crescente número de denúncias de fraude na autodeclaração racial. Adicionalmente, desde a seleção para ingresso em 2019, a universidade realiza procedimento de heteroidentificação desses candidatos, em que são avaliados seus caracteres fenotípicos para aferição da condição racial declarada.

Desde 2018, no mínimo 20% e no máximo 50% das vagas ofertadas pelos cursos de pós-graduação *stricto sensu* são reservadas a candidatos negros, conforme Resolução n.º 2/2017, do Conselho de Ensino, Pesquisa e Extensão.

A mesma resolução determina que esses cursos ofereçam ao menos uma vaga suplementar para indígenas e uma vaga suplementar para pessoas com deficiência.

Referências

Braga, Mauro Mendes; Peixoto, Maria do Carmo de Lacerda. Expansão dos cursos noturnos na UFMG: uma política efetiva de inclusão social? *In:* Peixoto, Maria do Carmo de Lacerda; Aranha, Antônia Vitória (orgs.). *Universidade pública e inclusão social: experiência e imaginação.* Belo Horizonte: Editora UFMG, 2008, p. 92-118.

Braga, Mauro Mendes; Peixoto, Maria do Carmo de Lacerda; Bogutchi, Tânia Fernandes. A demanda por vagas no ensino superior: análise dos vestibulares da UFMG na década de 90. *In:* 23ª Reunião Anual da ANPEd – Associação Nacional de Pós-Graduação e Pesquisa em Educação. *Anais...,* Caxambu: ANPEd, 2000.

Colen, Natália Silva; Jesus, Rodrigo Ednilson de. Um debate sobre as disputas e tensões em torno da democratização da universidade: o posicionamento institucional da UFMG. *In:* Santos, Juliana Silva; Colen, Natália Silva; Jesus, Rodrigo Ednilson de (orgs.). *Duas décadas de políticas afirmativas na UFMG: debates, implementação e acompanhamento.* Rio de Janeiro: LPP/UERJ, 2018, p. 77-97. (Coleção Estudos Afirmativos, v. 9).

Gonzaga, Yone Maria. *Gestão universitária, diversidade étnico-racial e políticas afirmativas: o caso da UFMG.* Tese (Doutorado em Educação) – Faculdade de Educação, Universidade Federal de Minas Gerais, Belo Horizonte, 2017.

Paula, Gustavo Bruno de; Nonato, Bréscia França; Nogueira, Cláudio Marques Martins. *Ações afirmativas e estratificação horizontal: comparação entre bônus e Lei de Cotas na UFMG.* SciELO Preprints, 2022.

Santos, Juliana Silva. A adoção de ações afirmativas de recorte racial para universidades brasileiras: uma arena de embates discursivos. *In:* Santos, Juliana Silva; Colen, Natália Silva; Jesus, Rodrigo Ednilson de (orgs.). *Duas décadas de políticas afirmativas na UFMG: debates, implementação e acompanhamento.* Rio de Janeiro: LPP/UERJ, 2018. p. 59-76. (Coleção Estudos Afirmativos, v. 9).

Universidade Federal de Minas Gerais (UFMG). *Plano de Desenvolvimento Institucional 2024-2029.* Disponível em: https://ufmg.br/a-universidade/gestao/plano-de-desenvolvimento-institucional. Acesso em: 17 mar. 2025.

Universidade Federal de Minas Gerais (UFMG). *Plano de Desenvolvimento Institucional 2018-2023.* Disponível em: https://www.ufmg.br/pdi/2018-2023/wp-content/uploads/2019/03/PDI-revisado06032019.pdf. Acesso em: 17 mar. 2025.

Universidade Federal de Minas Gerais (UFMG). *Programa de vagas para estudantes indígenas é aprovado em caráter permanente.* Disponível em: https://ufmg.br/comunicacao/noticias/ufmg-aprova-programa-de-vagas-para-estudantes-indigenas-em-carater-permanente. Acesso em: 17 mar. 2025.

Linha do tempo das ações afirmativas na UFRJ[1]

Felícia Picanço
Marianna Assis
Daniela Santa Izabel
Vivian Nascimento
Gustavo Bruno de Paula

O ano 2001, quando a Assembleia Legislativa do Estado do Rio de Janeiro aprovou a Lei n.º 3.708/2001, que destinava 40% de vagas para candidatos autodeclarados negros e pardos, é considerado um marco na história das ações afirmativas no Brasil. Nove anos depois, a UFRJ adota a primeira iniciativa de implementação de reserva de vagas, mas apenas para os egressos de escola pública. Entre 2002 e 2009, enquanto 65 das 94 IES públicas adotavam algum tipo de ação afirmativa, incluindo ou não a raça como critério, a UFRJ não passou incólume ao debate. Ao contrário disso, o debate na instituição foi intenso e repercutiu nos principais veículos de imprensa, bem como saíram de lá representantes públicos das duas posições: a favor e contra as cotas raciais. A disputa travada internamente alimentou o debate público nacional. A UFRJ foi, portanto, uma arena pública fundamental para desvelar as resistências enfrentadas também em outras instituições de ensino superior. Vamos identificar eventos significativos dessa história.

2003

Em agosto, o Conselho de Ensino de Graduação (CEG) da UFRJ promoveu um *workshop* sobre a democratização do ingresso à universidade através

---

[1] Originalmente publicado em: https://pp.nexojornal.com.br/linha-do-tempo/2022/07/15/acoes-afirmativas-na-ufrj.

da adoção de ações afirmativas, no entanto, a posição contra a adoção destas foi majoritária.

2004

No mês de junho, a UFRJ sediou um evento com os reitores da Uerj, da UnB e da UFBA, instituições amplamente reconhecidas pelo pioneirismo na adoção de ações afirmativas no Brasil, para discutir o tema.

O CEG da UFRJ reafirma sua posição em relação à defesa do sistema de vestibular em vigor na UFRJ desde 1988. Ainda nesse período, o Instituto de Ciências Biomédicas manifestou sua posição favorável à ação afirmativa através de um documento de apoio à implementação na UFRJ.

2006

Em função da tramitação do Projeto de Lei n.º 73/1999, que visava criar cotas nas universidades, o ano 2006 mobilizou os grupos a favor e contra as cotas. Neles, professores da instituição estiveram ativamente engajados. Em maio, foi lançada a carta-manifesto "Todos têm direitos iguais numa República democrática", que ficou conhecida como o manifesto contra as cotas, assinada por 114 professores, pesquisadores e personalidades públicas, 16 deles da UFRJ. Em seguida, foi lançada uma carta-manifesto a favor das cotas, assinada por um conjunto mais amplo, de difícil identificação da filiação institucional completa, mas que conta com pelo menos 20 assinaturas de professores da UFRJ.

Em setembro, ocorreu a 2ª Conferência Internacional da Rede de Estudos sobre Ação Afirmativa (Reaa), uma associação internacional de acadêmicos, formuladores de políticas públicas e pessoas ligadas à comunidade universitária, na UFRJ e no Instituto Universitário de Pesquisas do Rio de Janeiro (Iuperj, atual Iesp-Uerj), da Universidade Candido Mendes. A mesa de abertura foi composta pelo então reitor da UFRJ, professor Aloísio Teixeira, pelo professor da UFRJ Marcelo Paixão, pelo então reitor da Uerj, professor Nival Nunes, e pelo professor do Iuperj João Feres.

O professor Aloísio Teixeira começa a discutir com o Governo do Estado do Rio de Janeiro sobre a possibilidade de um processo seletivo para o ingresso na instituição com base em avaliações seriadas para alunos de escolas públicas de ensino médio.

2007

É realizado o Seminário Ações Afirmativas e o Desafio da Democratização do Acesso e da Permanência na Universidade, ocorrido nos dias 20 e 21 de agosto e organizado pela administração da UFRJ, em conjunto com o Programa Conexões e Saberes, no qual foram discutidas propostas de ação afirmativa.

2009

O CEG da UFRJ decide pela modificação no processo de ingresso na UFRJ. O CEG optou pela utilização da nota do Enem como a primeira etapa de seleção, e a segunda etapa permaneceu sendo o vestibular tradicional. Tratou-se de um passo importante do alinhamento da instituição com as políticas do MEC, que já estava gestando o Sisu, o qual utilizaria as notas do Enem como base.

2010

Ocorreu a implantação do Sisu.

Em maio, o professor Marcelo Paixão apresentou uma proposta para que o Conselho Universitário (Consuni) da UFRJ constituísse uma comissão para pensar sobre ação afirmativa com prazo até agosto. A proposta virou uma resolução.

Na sessão de agosto, o professor Marcelo Paixão apresentou no Consuni da UFRJ uma proposta de ação afirmativa que contemplava cotas raciais. A proposta foi rejeitada, e foi aprovada a reserva de vagas para estudantes que cursaram todo o ensino médio em escolas da rede pública vinculadas às Secretarias Estadual ou Municipal de Educação do Estado do Rio de Janeiro e à Fundação de Apoio à Escola Técnica do Estado do Rio de Janeiro. A proposta aprovada definia que 40% das vagas seriam destinadas para a seleção via vestibular, 40% para o ingresso através do Enem/Sisu e 20% para os estudantes oriundos da rede pública que tivessem realizado o Enem/Sisu (Resolução do Consuni n.º 16/2010). No entanto, o Ministério Público acionou a UFRJ, pois a ação afirmativa não poderia ser restrita a uma parcela de estudantes da rede pública, tendo em vista que excluía os estudantes da rede federal e os alunos da rede pública dos demais estados brasileiros.

Depois da rejeição da implementação de cotas raciais e da aprovação da reserva de vagas para egressos da rede pública pelo Consuni da UFRJ,

70 docentes assinaram a "Carta aberta sobre cotas da UFRJ", e também houve mobilização para a criação de um site chamado Cotas na UFRJ, com a divulgação de informações e materiais favoráveis à ação afirmativa.

2011

Em reunião do Consuni da UFRJ, os professores Marcelo Paixão e Tadeu Alencar, ambos membros do conselho, apresentaram propostas de inclusão do critério étnico/cor na política de ações afirmativas. As propostas foram rejeitadas, com a promessa de serem discutidas posteriormente, em nova sessão.

Ainda nesse ano, foi deliberado o fim do vestibular, e o processo seletivo passou a ser integralmente via Enem/Sisu. Foi preservado o Teste de Habilitação Específica (THE) nos cursos que o exigiam para o ingresso. A reserva de vagas passou a ser de 30% para estudantes de escola pública, com o recorte de renda de até um salário mínimo vigente em nível nacional.

2012

O STF reconheceu a constitucionalidade do sistema de cotas para negros/as nas IES públicas brasileiras.

Em setembro, foi promulgada a Lei n.º 12.711/2012. As instituições federais tiveram o prazo de quatro anos para a aplicação de no mínimo 50% de reserva de vagas por curso e turno, com cotas sociais e raciais.

Ainda em setembro, o Consuni da UFRJ deliberou pela implementação gradual do percentual previsto na Lei n.º 12.711/2012. Para o ingresso de 2013, foram designadas 30% das vagas para os egressos de escola pública, com as devidas subdivisões de renda e percentual de pretos, pardos e indígenas, e para 2014 o percentual seria ampliado para 50%. Em outubro, o Consuni faz ajustes nos percentuais aplicados para renda e pretos, pardos e indígenas, para fixar a formulação seguindo o Decreto n.º 7.824/2012.

2013

O ingresso na UFRJ passou a ser feito com base nas resoluções de 2012, que definem 30% das vagas para a aplicação da Lei n.º 12.711/2012 e 70% para a ampla concorrência.

2014

A universidade se adequou ao percentual de no mínimo 50% da reserva de vagas por ação afirmativa, entrando em consonância com a Lei de Cotas e com previsto na Resolução do Consuni n.º 18/2012.

2016

Em dezembro, é sancionada a Lei n.º 13.409/2016, que modifica a Lei de Cotas, incluindo reserva de vagas para pessoas com deficiência. Nesse mesmo ano, é criado o Fórum Permanente UFRJ Acessível e Inclusiva, com o objetivo de discutir e apoiar políticas de acessibilidade e inclusão de pessoas com deficiência na instituição.

2017

No segundo semestre de 2017, ingressam os primeiros estudantes com deficiência na UFRJ atendidos pelas cotas.

2018

O MEC divulga a Portaria Normativa n.º 4/2018, que regulamenta o procedimento de heteroidentificação complementar à autodeclaração dos candidatos negros em concursos públicos. É criada na UFRJ a Câmara de Políticas Raciais.

A UFRJ aprova cotas para o concurso de docentes, e a cota para candidatos autodeclarados negros se aplica para concursos com três ou mais vagas.

2019

O primeiro movimento mais visível de denúncia de fraudes ocorre na Faculdade de Direito. Foram pendurados cartazes com a foto de pessoas consideradas brancas que teriam se autodeclarado como negras ou indígenas.

Orientada pela Portaria n.º 4/2018, a Câmara de Políticas Raciais da UFRJ cria a Comissão de Heteroidentificação para verificação de possíveis fraudes raciais, formada por servidores técnico-administrativos e por docentes da instituição.

2020

Em novembro de 2020, o Consuni aprovou as Resoluções n.º 15/2020 e n.º 24/2020, fundamentais para a ampliação das ações afirmativas na instituição. A Resolução n.º 15/2020 revê a distribuição de cotas no concurso docente, argumentando que houve uma nova interpretação da Lei n.º 12.990/2014.

Anteriormente a cota era aplicada em concursos com três vagas ou mais. A nova resolução prevê um levantamento da quantidade de negros por unidade acadêmica ou departamento para que as vagas sejam distribuídas entre aqueles com menor proporção de negros. Em caso de empate, é realizado um concurso público. A Resolução n.º 24/2020 regulamenta a Comissão de Heteroidentificação.

2021

A UFRJ acatou denúncias de fraude de estudantes que ingressaram antes da implementação da Comissão de Heteroidentificação. Os casos foram analisados pela comissão, e o Consuni deliberou pelo cancelamento da matrícula.

2022

Em junho, o Conselho de Ensino para Graduados (CEPG) aprovou a adoção de cotas para os processos seletivos dos cursos de pós-graduação *stricto sensu*, estabelecendo 20% das vagas para pretos, pardos e indígenas, e 5% para pessoas com deficiência.

Linha do tempo das ações afirmativas na UFSC[1]

Marcelo Henrique Romano Tragtenberg

A UFSC foi uma das universidades pioneiras em adotar cotas para negros de qualquer percurso escolar e validação de autodeclaração ou heteroidentificação, desde 2008. A universidade também contribuiu na audiência pública do Supremo Tribunal Federal para a constitucionalidade desses dispositivos e mantém vagas suplementares para esse público até o presente. Além dessas ações afirmativas, a UFSC implementa a Lei de Cotas com reserva para escola pública, pretos/pardos/indígenas, pessoas de baixa renda, pessoas com deficiência e vagas suplementares para indígenas, quilombolas e refugiados. Orgulha-se de ter igualdade racial: o percentual de negros ingressantes e matriculados regularmente é igual ao percentual de negros em Santa Catarina, estado que tem o menor percentual de negros do Brasil.

A UFSC aprovou seu Programa de Ações Afirmativas em 2007, após cinco anos de debates sobre o assunto e com base em pesquisas científicas dedicadas ao tema. Ele previa acesso via vestibular com reserva para egressos de escola pública e negros preferencialmente de escolas públicas e vagas suplementares para indígenas, além de medidas de permanência, acompanhamento e avaliação do programa, e acompanhamento de egressos. Em 2008, a UFSC criou seu processo de validação de autodeclaração de negros e indígenas. As vagas reservadas para negros previam a possibilidade de serem preenchidas por egressos de escolas ou instituições de Educação de Jovens e Adultos (EJA) privadas, pois o racismo não se manifesta somente contra os estudantes de escolas públicas, mas também sobre os de escolas privadas.

---

[1] Originalmente publicado em: https://pp.nexojornal.com.br/linha-do-tempo/2022/04/29/acoes-afirmativas-na-ufsc-um-projeto-em-continua-expansao.

De 2013 a 2016, foi implementada a Lei de Cotas, Lei n.º 12.711/2012, através de uma Política de Ações Afirmativas, mantendo vagas suplementares para indígenas e negros de qualquer percurso escolar e criando vagas suplementares para quilombolas. Em 2020, as cotas foram estendidas para a pós-graduação; em 2021, foram criadas vagas suplementares para pessoas com deficiência com qualquer origem escolar; e em 2022, para refugiados. A seguir, uma linha do tempo com os principais marcos da história de inclusão da UFSC.

2002

É criado, por sugestão do primeiro presidente da então Associação Nacional de Docentes do Ensino Superior (Andes), o professor negro Osvaldo de Oliveira Maciel, o Grupo de Trabalho de Etnia, Gênero e Classe (GTEGC), da Associação dos Professores da UFSC (Apufsc). Esse GT local fazia parte de um GT de âmbito nacional do então Andes-Sindicato Nacional. Esse GT solicita a inclusão do quesito cor/raça com as categorias do IBGE (preta, branca, parda, amarela, indígena) no questionário socioeconômico do vestibular da universidade e no sistema de matrícula, e é atendido. Não há problemas no questionário socioeconômico, mas no sistema de matrícula precisou ser inicialmente incluída uma categoria "não quero declarar". Essa categoria foi extinta depois.

2002-2005

O GTECG/Apufsc promove debates sobre cotas para negros, experiências sobre cotas e ações afirmativas para indígenas dentro da UFSC, além de produzir matérias divulgadas no boletim semanal da Apufsc. No âmbito do Andes-SN, leva essa questão de 2003 a 2009, até que a Apufsc se desfilia do Andes-SN, que só se posiciona a favor de cotas para negros em 2010.

2006

Membros do GTEGC, a partir de dados fornecidos pela Comissão Permanente do Vestibular (Coperve) da UFSC e pela Pró-Reitoria de Ensino (Preg), publicam, na prestigiosa revista *Cadernos de Pesquisa*, simulação que mostra que reservar vagas para o ensino médio público não muda o percentual de negros na UFSC. Em fevereiro de 2006, no Seminário Pensamento Negro, organizado pelo Núcleo de Estudos Negros (NEN) de Santa Catarina, a Preg é questionada sobre a data da adoção do sistema de cotas, e em abril é nomeada comissão sobre acesso com diversidade socioeconômica e étnico-racial. A comissão era composta pela Coperve, pela Secretaria de Estado da Educação, pelo Fórum do Movimento Negro, por professoras e professores da UFSC, pela liderança indígena, pelo DCE e por servidores técnico-administrativos. Em novembro. desse ano, é entregue proposta de Programa de Ações Afirmativas com cotas de 20% para egressos dos ensinos fundamental e médio públicos, 20% para negros, sendo 5% para negros egressos dos ensinos fundamental e médio públicos, cinco vagas suplementares para indígenas, com verificação de autodeclaração de negros e indígenas, e comissão de acompanhamento do programa.

2007

Em julho, é aprovado no Conselho Universitário, pelo período de cinco anos, o Programa de Ações Afirmativas. Por unanimidade, foram aprovados os 20% de cotas para egressos dos ensinos fundamental e médio públicos e cinco vagas suplementares para indígenas, e por 25 a 9 os 10% de cotas para negros, prioritariamente egressos dos ensinos fundamental e médio públicos. A pesquisa publicada pelo GTEGC foi fundamental para embasar a necessidade de cotas para negros.

2008

No primeiro ano de cotas, a UFSC enfrenta ações judiciais contra elas, e é vitoriosa em todas. Dois terços dos cotistas negros nesse ano não eram egressos dos ensinos fundamental e médio públicos, demonstrando o acerto de não limitar as vagas para negros desse segmento. Nesse ano são estruturados a Comissão Institucional de Acompanhamento e Avaliação do Programa de Ações Afirmativas e o sistema de verificação de autodeclaração de negros (pelo fenótipo, pois a discriminação racial no Brasil se dá pela aparência) e indígenas (pelo duplo pertencimento – julgar-se pertencente ao povo e por ele ser considerado pertencente).

2010

A UFSC participa da audiência pública do STF sobre cotas para negros e egressos de escola pública (Arguição de Descumprimento de Preceito

Fundamental n.º 186), mostrando seus resultados e defendendo as cotas para negros e egressos de escola pública, bem como a validação de autodeclaração de negros pelo fenótipo.

2012

Em abril e junho, o STF julga constitucionais as cotas para negros, a heteroidentificação ou validação de autodeclaração (por 10 a 0) e as cotas para escolas públicas (por 10 a 1). Em junho, o Conselho Universitário avalia o Programa de Ações Afirmativas, iniciado em 2008, com relatório elaborado pela Comissão de Ações Afirmativas, com o apoio do Instituto Nacional de Ciência e Tecnologia de Inclusão no Ensino Superior e na Pesquisa (INCTI-CNPq), e aprova a continuidade do programa por mais cinco anos. Em agosto é aprovada a Lei n.º 12.711/2012, e em outubro foi publicada sua regulamentação. A UFSC decide implantar gradativamente a lei, através de uma Política de Ações Afirmativas (PAA) local, mantendo os 20% para egressos agora do ensino médio público e 10% para negros preferencialmente de escolas públicas, e ampliando para 22 as vagas suplementares para indígenas, pois os indígenas têm probabilidades reduzidas de ingressar pelas cotas para pretos/pardos/indígenas da Lei de Cotas.

2013-2016

A Lei de Cotas é progressivamente implantada. Em 2016, as cotas para negros do ensino médio público atingem 16% (percentual de pretos, pardos e indígenas, o percentual de negros em Santa Catarina, pelo Censo Demográfico de 2010), dentro da reserva de 50% para escolas públicas.

2015

O Conselho Universitário aprova o oferecimento de nove vagas anuais para quilombolas e, em cada curso, duas vagas suplementares para negros de qualquer origem escolar (aproximadamente 3% das vagas de ingresso), a partir de 2016.

2016

É criada a Secretaria de Ações Afirmativas e Diversidades (Saad), órgão transversal com status de pró-reitoria.

2017

Após uma série de denúncias de fraude, e por apuração preliminar e iniciativa da Saad, o Conselho Universitário aprova a validação de autodeclaração (ou heteroidentificação) e adapta a PAA à Lei n.º 13.409/2016, que inclui cotas para pessoas com deficiência. A validade da PAA é estendida até 2026.

2019

O Conselho Universitário reduz de 22% para 8% as cotas para pessoas com deficiência, dentro dos 50% da Lei de Cotas, seguindo a Portaria do MEC n.º 1.117/2018.

2020

O ingresso e a composição racial da UFSC são iguais ao percentual de negros no estado de Santa Catarina.

A UFSC aprova cotas para a pós-graduação, no mínimo de 20% para negros e indígenas (com validação de autodeclaração) e 8% para pessoas com deficiência (com validação de autodeclaração) e outras categorias de vulnerabilidade socioeconômica, bem como mínimo de 28% de bolsas para pós-graduandos ingressantes por ação afirmativa.

2021

É criado o Programa de Assistência a Indígenas e Quilombolas, prevendo bolsas e auxílios para esse público-alvo. Após a avaliação de que pessoas com deficiência egressas de escolas públicas preenchem poucas das vagas reservadas pela Lei de Cotas, foram criadas duas vagas suplementares por curso de graduação para pessoas com deficiência, com ingresso pelo Sisu.

2022

A UFSC aprova 10 vagas suplementares para refugiados.

PARTE III

Impactos gerais das ações afirmativas no ingresso de estudantes

A diversificação racial e econômica do ensino superior[1]

Adriano Souza Senkevics

Um dos grandes feitos das políticas sociais das últimas décadas – talvez perdendo apenas para os programas de combate à pobreza – foi a ampliação do acesso às universidades no Brasil. Até a deflagração da atual crise e de suas consequências, parecíamos viver um ciclo virtuoso no qual a inclusão estaria assegurada em longo prazo. Inspiradas pela redução de desigualdades sociais, pela expansão da cidadania e por políticas redistributivas em diferentes esferas sociais, narrativas otimistas batiam na tecla de que "agora o pobre faz faculdade".

Porém, a paisagem é um pouco mais turva quando se olha de perto. No arco de desenvolvimento que nos levou do auge para o declínio da política de expansão do ensino superior, há um pouco a se celebrar e outro tanto a se lamentar. Neste texto, meu objetivo é situar as idas e vindas da expansão universitária e da democratização do acesso.

Inauguramos os anos 1990 em um contexto de abertura política e econômica, com o fim do regime militar e a promulgação de uma nova Constituição Federal. Estabilização da moeda, massificação do ensino médio e crescimento na oferta e na demanda pela graduação fundaram um cenário propício para a expansão da educação superior. Nos anos 2000, esse processo ganha novos contornos com a implementação de políticas de ação afirmativa e um investimento sem precedentes no setor público. Com isso, alcançamos o maior corpo discente e a maior cobertura educacional da nossa história.

Nessa toada, a novidade foi a inauguração de um sistema "de massa" – em oposição a um sistema "de elite" que perdurou por séculos – com todas as suas

---

[1] Originalmente publicado em: https://pp.nexojornal.com.br/opiniao/2021/11/19/idas-e-vindas-da-expansao-universitaria.

implicações. O quantitativo de matrículas cresceu de 1,6 milhão em 1991 para 8,6 milhões em 2019, mesmo ano em que a proporção de jovens de 18 a 24 anos que acessam o nível terciário alcançou o recorde de 26%. Antes distante, o anseio de obter um diploma de graduação aproximou-se da realidade de milhões de jovens.

Esses ganhos foram mais que numéricos. Programas de cotas, bolsas de estudo e financiamentos subsidiados pelo governo federal caracterizaram a inclusão de segmentos sociais menos privilegiados. Jovens pertencentes aos 40% mais pobres da sociedade alcançaram a marca de 16% entre quem acessa a graduação em 2015; uma proporção tímida, sem dúvida, mas incrivelmente superior à sua quase ausência 20 anos antes (Gráfico 11). O mesmo pode ser dito com relação à incorporação de pretos, pardos e indígenas: no início dos anos 1990, eles não chegavam a dois em cada 10 graduandos; hoje, são quatro em cada 10 (Gráfico 12). Desde a última década, colocou-se o imperativo de diversificar o corpo discente das faculdades pelo país afora.

Gráfico 11 – **Composição socioeconômica dos jovens entre 18 e 24 anos que acessam o ensino superior (entre 1992 e 2019, por renda domiciliar *per capita*)**

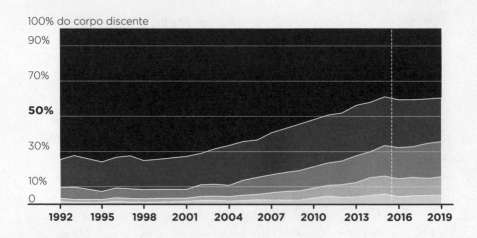

Observação: A linha tracejada indica a quebra da série histórica da Pnad e, por isso, as duas séries não são perfeitamente comparáveis. Não há dados para 1994, 2000 e 2010. Em 2019, os quatro primeiros quintis de renda domiciliar per capita são: R$ 300 (1ºQ), R$ 554 (2ºQ), R$ 955 (3ºQ) e R$ 1.503 (4ºQ).
Fonte: Microdados da Pnad e da Pnad Contínua, do IBGE.

Gráfico 12 – Composição racial dos jovens entre 18 e 24 anos que acessam o ensino superior (entre 1992 e 2019)

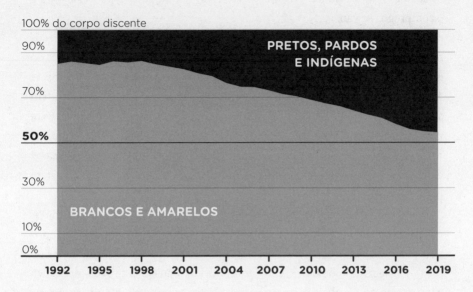

Fonte: Microdados da Pnad e da Pnad Contínua, do IBGE.

Em matéria de desigualdades de acesso, a trajetória foi um tanto sinuosa. Até meados dos anos 2000, a expansão beneficiou de maneira desproporcional os estratos mais privilegiados da sociedade, pois as novas vagas – abertas sobretudo no setor privado e ainda na ausência de políticas massivas de inclusão – favoreceram o acesso de quem já tinha mais condições de usufruir as oportunidades educacionais. Foi após a virada da década de 2010 que esse padrão passou a ser revertido. Em um movimento de continuidade da expansão, patrocinada com mais força pelo setor público, e com a adoção de programas de ação afirmativa nos setores público e privado, os segmentos sociais menos privilegiados observaram crescimentos proporcionalmente maiores em sua participação no ensino superior, impondo uma perda relativa para os mais ricos.

No mesmo Gráfico 11, vê-se que, em 1995, os jovens pertencentes ao segmento mais rico correspondiam a 75% do corpo discente; em 2015, eram apenas 40%. Desde então, permanecem estagnados nesse patamar, sinalizando que a entrada dos mais pobres no sistema também foi freada após as turbulências sociais do ano em questão.

Hoje, em plena crise econômica, cujo estopim foi a recessão de 2015-2016, agravada pelas convulsões políticas desde então e pelo quadro pandêmico, a esperança de tempos melhores se esvai, enquanto a pobreza volta e os empregos se vão.

Até então, a tônica era a abertura: promover a cidadania, abrir a economia e criar vagas em universidades. Essa abertura parece ter inflexionado no período recente, e o que se vê, do contrário, é o fechamento de postos de trabalho, de oportunidades, de universidades. Espectros da ditadura rondam a sociedade com ameaças de eliminação de órgãos oficiais, de censura ao livre pensamento e, em suma, de fechamento do regime. Por ironia do destino, até mesmo o imperativo de se fechar em suas casas, cobrir a boca com máscaras e evitar contato físico veio à tona para desolar ainda mais a combalida esfera pública brasileira.

Se por mera incompetência na administração do país, se por um movimento nas placas tectônicas das classes sociais, fato é que ao longo dos 30 anos aqui abordados caminhamos da abertura para o fechamento do ensino superior.

Nesse rosário de retrocessos, contudo, em matéria de universidade, fica a impressão de que alguma coisa resistiu. Certos horizontes, quando se abrem, dificilmente tornam a se fechar. Há uma geração de jovens que conheceu um Brasil diferente. Ela viu seus irmãos, amigos e colegas ingressarem em uma universidade com ineditismo em suas famílias, por meio de uma gama de programas sociais que, embora mirrados na atualidade, acenam na memória coletiva em retrospectiva.

Nunca se provocou tanto, como nas últimas décadas, o alargamento do exercício da cidadania para acomodar cada vez mais as frações mais empobrecidas da sociedade. Essa tensão não resolve os conflitos distributivos, mas indicam um movimento, uma dinâmica, em que lógicas excludentes do passado são reatualizadas em hierarquias persistentes e, ao mesmo tempo, questionadas pela força equalizante da geração de oportunidades.

Não há mudanças sem atrito, e, embora estejamos vivendo a ressaca da expansão, sabemos quais são as ferramentas para retomá-la e avançar rumo à maior democratização: reduzir disparidades socioeconômicas, abrir vagas em universidades e adotar programas de ação afirmativa.

A diversificação racial e econômica do ensino superior público[1]

Luiz Augusto Campos
Filipe de Oliveira Peixoto

Um dos desafios das pesquisas sobre os impactos das ações afirmativas no Brasil é aferir o quanto nosso ensino superior se diversificou depois da sua adoção. Contamos com ricas bases de dados educacionais para tal, mas elas não se encontram integradas. Outro obstáculo é a existência de múltiplos modelos seletivos em cada um dos sistemas educacionais (federal, estadual e municipal) e níveis de ensino (superior, médio e fundamental).

Uma forma de contornar esses empecilhos é trabalhar com estimativas oriundas das pesquisas amostrais do IBGE. Embora elas se baseiem nas respostas dadas pela população e em desenhos amostrais com relativa margem de erro, suas estimativas têm validade nacional e amplitude temporal suficientes para medirmos o quanto nosso ensino superior se diversificou racial e economicamente.

Inspirados no texto publicado por Adriano Souza Senkevics neste livro, apresentamos aqui alguns dados sobre a diversificação racial e econômica do ensino superior brasileiro, focando especificamente as instituições públicas. Para tal, baseamo-nos em estimativas calculadas a partir da Pesquisa Nacional por Amostra de Domicílios (Pnad), realizada pelo IBGE.

Até 2016, a Pnad era realizada anualmente. Depois disso, passou-se a adotar a metodologia contínua. Todos os dados utilizados se referem à população brasileira jovem (entre 18 e 24 anos). Os gráficos a seguir se relacionam a perguntas sobre os indivíduos que, no momento da pesquisa, declaravam frequentar cursos em instituições públicas de ensino superior. De acordo com a legislação, ensino

---

[1] Originalmente publicado em: https://pp.nexojornal.com.br/opiniao/2022/09/22/a-diversificacao-racial-e-economica-do-ensino-superior-publico-brasileiro-depois-das-cotas.

superior público no Brasil abrange as faculdades e universidades onde se lecionam cursos de graduação (bacharelado e licenciatura) e os institutos técnicos que ofertam cursos de tecnólogo, ligados aos governos federal, estadual e municipal.

Como veremos, houve uma intensa diversificação racial e econômica do ensino superior público brasileiro no período analisado. Para mensurar a diversificação econômica, dividimos os grupos de renda em cada ano por cinco, formando cinco classes ou quintos de renda. Em 2001, a classe A, ou primeiro quinto de renda, que reúne a camada mais rica da população, correspondia a 55,5% das matrículas no ensino superior público. Em 2021, o mesmo grupo respondia por apenas 28,7% dos estudantes. As classes C, D e E somadas representavam apenas 19,3% do alunado em 2001, e hoje respondem por 50% do alunado.

Gráfico 13 – Estudantes do ensino superior por classe social
(de 2001 a 2021)

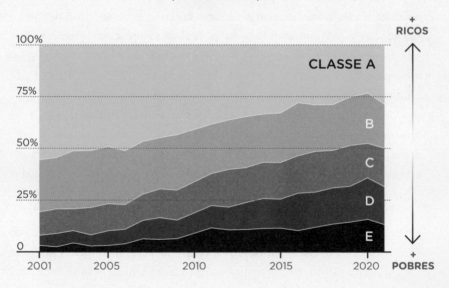

Fonte: Pnad (Pesquisa Nacional por Amostra de Domicílios).

Apesar do avanço de quase 30 pontos percentuais dos mais pobres, o Gráfico 13 também traz um dado preocupante: a inversão da tendência de diversificação a partir de 2020. Ainda é cedo para determinar se o processo de diversificação econômica do ensino superior público se estagnou ou se ele está retroagindo. No entanto, o desmonte das políticas públicas, a crise econômica e a pandemia de covid-19 podem ter tido efeitos nefastos nesse processo.

O Gráfico 14, a seguir, mostra a proporção de estudantes frequentando o ensino superior público de acordo com sua raça autodeclarada. Como é possível notar, 68,5% desses estudantes se declaravam brancos ou amarelos em 2001, antes do advento das políticas afirmativas. No mesmo ano, apenas 31,5% dos estudantes eram pretos, pardos ou indígenas. Em 2021, os estudantes pretos, pardos e indígenas se tornam maioria, somando 52,4%, enquanto os estudantes brancos e amarelos somam 47,6%. Em termos absolutos, isso representa um aumento no número de estudantes autodeclarados pretos, pardos e indígenas de apenas 318.457 em 2001 para 1.268.046 em 2021; ao passo que o número de estudantes brancos e amarelos passou de 691.465 para 1.153.368 no mesmo período.

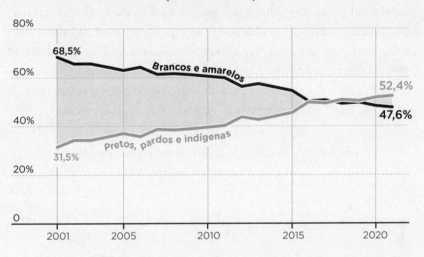

Gráfico 14 – Estudantes do ensino superior por grupo racial (de 2001 a 2021)

Fonte: Pnad (Pesquisa Nacional por Amostra de Domicílios).

Mas esse processo de diversificação também precisa ser matizado. Desde 2016, há uma relativa estabilidade do percentual de pretos, pardos e indígenas, o que pode indicar a estagnação do processo de diversificação. Vale lembrar que ainda não atingimos uma proporção de estudantes pretos, pardos e indígenas igual àquela presente na população brasileira. Ademais, outros dados indicam uma distribuição desigual desses estudantes nos diferentes cursos de nível superior.

Além disso, temos de levar em conta também o aumento da população geral de pessoas que se autodeclaram pretas, pardas ou indígenas no Brasil, aumento particularmente relevante entre os jovens. Portanto, mesmo a maior entrada no ensino superior público não é necessariamente sinônimo de que as oportunidades foram equalizadas. O Gráfico 15, a seguir, ilustra isso. Ele mostra o percentual de jovens entre 18 e 24 anos de cada grupo racial estudando em cursos do ensino público de nível superior.

Primeiramente, verifica-se uma melhora para todos os grupos devido à expansão do ensino superior público no período. A proporção de brancos e amarelos jovens estudando em instituições de ensino superior subiu de 3,8% para 9,5% (um crescimento de 5,7 pontos percentuais, ou 150%), ao passo que, para jovens pretos, pardos e indígenas, a taxa de matrícula passou de 1,4% para 6,1% (um crescimento de 4,7 pontos percentuais, ou 347%). Assim, nota-se que foram reduzidas as diferenças relativas entre ambos os grupos, devido ao maior crescimento relativo da taxa de matrícula para jovens pretos, pardos e indígenas. Jovens brancos e amarelos passaram de ter 2,8 vezes mais chances de estarem matriculados no ensino superior público que jovens pretos, pardos e indígenas em 2001 para 1,6 vezes mais chances em 2021. Entretanto, é preciso dizer que brancos e amarelos ainda têm um peso maior no ensino superior público do que pretos, pardos e indígenas, o que nos coloca longe de um estágio de equidade que permita cogitar o fim das cotas raciais.

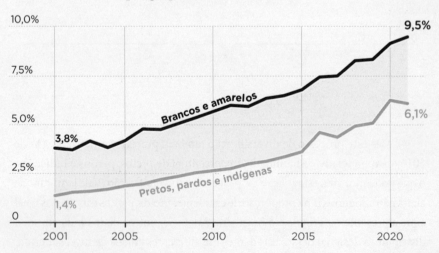

Gráfico 15 – Percentual de jovens no ensino superior, por grupo racial (de 2001 a 2021)

Fonte: Pnad (Pesquisa Nacional por Amostra de Domicílios).

É preciso alertar, contudo, que essa diversificação do ensino superior não pode ser imputada totalmente às políticas de cota. Primeiro, porque estudantes PPIs, bem como estudantes de baixa renda, podem concorrer, e efetivamente concorrem, a vagas do sistema de ampla concorrência. Por isso, nem todo estudante PPI ou de baixa renda é necessariamente cotista. Essas simulações não são capazes de dizer quais dos estudantes se beneficiaram ou não de cotas raciais ou econômicas. Segundo, porque o ensino superior brasileiro viveu outras transformações no período que tiveram impactos na sua diversificação. Houve uma expansão intensa de suas vagas no mesmo período, além de uma maior interiorização dos *campi*. Terceiro, a própria composição demográfica mudou, com aumento, ainda que incremental, da população autodeclarada preta, parda e indígena.

No entanto, parte importante dessa diversificação parece responder às políticas de ação afirmativa. Em simulações que buscam isolar a contribuição causal de cada um desses fatores, Ursula Mattioli Mello (2022) conclui que as políticas de cotas tiveram um efeito positivo na diversificação do ensino superior. E não apenas isso: essas políticas também compensaram a tendência de que o Sistema Unificado de Seleção Universitária (Sisu) marginalizasse ainda mais alguns grupos subalternos. São necessárias mais pesquisas para saber o quanto exatamente as cotas foram responsáveis pela recente inclusão racial e socioeconômica no ensino superior. Mas não parece haver dúvidas que elas foram fundamentais.

A diversificação racial e econômica das universidades federais[1]

Adriano Souza Senkevics
Ursula Mattioli Mello

Avaliar o sucesso da Lei de Cotas (Lei n.º 12.711/2012) passa necessariamente por investigar as transformações no perfil dos ingressantes das universidades federais brasileiras. Contudo, essa tarefa encontra alguns obstáculos relacionados à falta de integração das bases de dados educacionais brasileiras.

Para suprir essa lacuna, realizamos um cruzamento entre duas bases de dados administradas pelo Instituto Nacional de Estudos e Pesquisas Educacionais Anísio Teixeira (Inep): o Censo da Educação Superior e o Enem. Com isso, pudemos compor um retrato do perfil discente das instituições federais antes e depois da Lei de Cotas, levando-se em conta os critérios de delimitação de beneficiários para cada uma das instituições. Em trabalho anterior, publicamos esses dados em mais detalhes. Aqui, vamos atentar ao quantitativo de estudantes oriundos do ensino médio público e aos PPIs.

No painel do Gráfico 16, observa-se a distribuição dos cursos de graduação em função da participação de estudantes que frequentaram o ensino médio na rede pública (a) e de estudantes PPIs oriundos da mesma rede (b), entre 2012 e 2016. Quanto mais à direita no eixo horizontal, maior a presença de estudantes do respectivo perfil; quanto maior o valor do eixo vertical, mais alto o percentual de cursos que atendem determinada condição. Os dois gráficos acusam um deslocamento progressivo da distribuição para os valores mais elevados, evidenciando um aumento da participação dos dois grupos beneficiários da política de cotas ao longo de toda a distribuição de cursos.

---

[1] Originalmente publicado em: https://pp.nexojornal.com.br/opiniao/2022/02/16/as-universidades-federais-depois-das-cotas.

Gráfico 16 – Distribuição percentual de egressos de escola pública entre ingressantes das instituições federais de ensino superior (2012-2016)

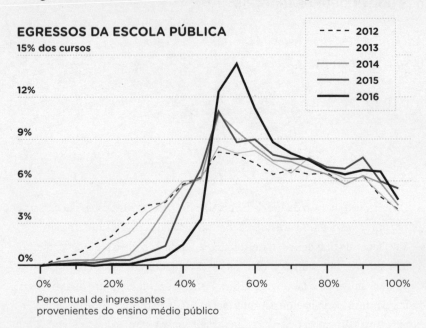

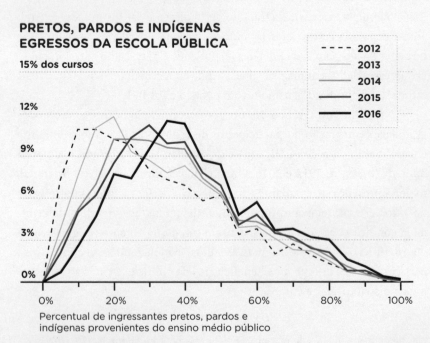

Fonte: Inep (Instituto Nacional de Estudos e Pesquisas Educacionais Anísio Teixeira).

Em 2012, antes de a lei entrar em vigor, 55% dos ingressantes das instituições federais haviam se diplomado no ensino médio público; quatro anos depois, esse percentual salta para 64%.[2] Ademais, o grupo mais beneficiado pela política foram os PPIs da rede pública, os quais passaram de 28% para 38% dos ingressantes no mesmo período, correspondentes ao maior crescimento relativo entre todo o público-alvo da lei.

O que é interessante notar, em ambos os gráficos, é que as mudanças foram mais pronunciadas quanto menor o patamar de inclusão prévio de um dado curso. De um lado, cursos já bastante inclusivos – por exemplo, com mais de 70% de seus ingressantes vindo da rede pública – não parecem ter sofrido tanto impacto, visto que as curvas de 2012 a 2016 praticamente se sobrepõem. Por outro lado, o perfil de cursos até então pouco inclusivos foi bastante alterado após a implementação integral da legislação. Não é exagero afirmar que o perfil de quem frequentava tais cursos foi profundamente transformado em um intervalo de poucos anos.

Isso pode ser percebido quando atentamos para cada uma das instituições. O Gráfico 17 ilustra a proporção de pretos, pardos e indígenas provenientes do ensino médio público entre ingressantes das universidades federais em 2012 e em 2016.

Em determinadas instituições, a Lei de Cotas parece ter sido pouco efetiva ou, em alguns casos, estar associada à queda na participação desse segmento populacional. O caso mais notável é o da Universidade Federal do Amapá (Unifap), que testemunhou uma redução de 58% para 48% entre 2012 e 2016. Em outras instituições, a exemplo da Universidade Federal Rural do Rio de Janeiro (UFRRJ), da Universidade Federal do Pará (UFPA), da Universidade Federal da Integração Latino-Americana (Unila) e da Universidade Federal do ABC (UFABC), o que se observou foi, na melhor das hipóteses, uma estagnação no perfil discente.

Atribuímos essa tendência a duas razões principais. Em primeiro lugar, as cotas não foram inauguradas com a legislação federal; de fato, a maioria das universidades já havia adotado algum programa de ação afirmativa antes da promulgação da lei, de modo que a política federal de cotas pode não ter tido tanto impacto sobre uma instituição que já havia se tornado bastante inclusiva.

---

[2] Dados de ingressantes no Censo da Educação Superior 2012-2016 com informações complementares do Exame Nacional do Ensino Médio 2011-2015. Todos os dados utilizados neste ensaio derivam dessa mesma base.

Gráfico 17 – Ingressantes pretos, pardos e indígenas provenientes do ensino médio público (por universidade, em 2012 e 2016)

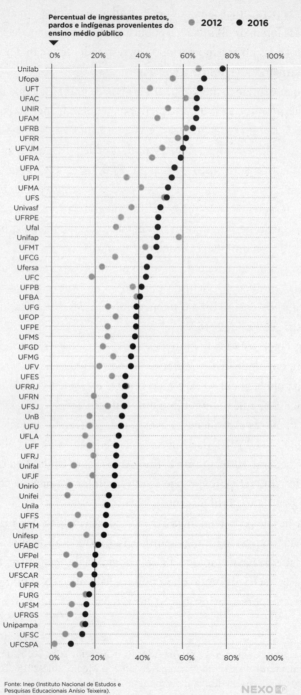

Fonte: Inep (Instituto Nacional de Estudos e Pesquisas Educacionais Anísio Teixeira).

A segunda razão está relacionada ao modo de implementação da Lei de Cotas dentro do Sisu, que, ao criar listas de inscrição separadas por categoria da lei, acaba gerando ineficiências e, muitas vezes, prejudicando alunos potenciais beneficiários, como mostra o estudo dos economistas Aygün e Bó (2021).

Uma ressalva importante é que esses dados se referem ao perfil discente das universidades federais antes e depois da implementação da Lei de Cotas, porém, não permitem isolar, por si só, o efeito das cotas sobre as mudanças observadas. Um estudo de Ursula Mattioli Mello (2022) mostra que a porcentagem de vagas das instituições públicas de ensino superior destinadas para estudantes oriundos do ensino médio público variou de 24,5% em 2012 para 43,5% em 2015. Ao isolar com um modelo econométrico o impacto causal dessa expansão de outros fatores, a autora estima que 57% desse aumento de matrículas de estudantes de escola pública deva-se, especificamente, à expansão da política de cotas.

Os números apresentados ao longo deste texto não deixam dúvida de que o perfil discente dos *campi* federais foi efetivamente modificado no período de 2012 a 2016. Se, de um lado, ainda existem muitos desafios pela frente – tais como garantir que estudantes menos privilegiados consigam progredir e concluir a graduação com sucesso –, de outro, resta evidente que, sem uma política de ação afirmativa, tampouco conseguiremos avançar na democratização do acesso.

Referências

Aygün, Orhan; Bó, Inácio. College Admission with Multidimensional Privileges: The Brazilian Affirmative Action Case. *American Economic Journal: Microeconomics*, Pittsburgh, v. 13, n. 3, p. 1-28, Aug. 2021. DOI: 10.1257/pol.20190639.

Mello, Ursula. Centralized Admissions, Affirmative Action, and Access of Low-Income Students to Higher Education. *American Economic Journal: Economic Policy*, v. 14, n. 3, p. 166-197, 2022.

Quais cursos de graduação foram mais transformados pelas cotas?[1]

Adriano Souza Senkevics
Ursula Mattioli Mello

É consenso que a Lei de Cotas (Lei n.º 12.711/2012) apresentou forte impacto sobre o perfil discente das instituições federais de ensino superior no Brasil. Entretanto, será que seus resultados foram homogêneos entre todos os cursos de graduação?

Para responder essa questão, cruzamos duas bases de dados administradas pelo Inep: o Censo da Educação Superior e o Enem. Assim, compusemos um retrato do perfil discente das instituições federais antes e depois da Lei de Cotas, levando em conta os critérios de delimitação de beneficiários para cada uma das instituições e cursos. Em texto anterior, apresentamos dados sobre as instituições. Aqui, vamos analisar diferenças entre os cursos de graduação, com especial atenção aos estudantes oriundos do ensino médio público e aos pretos, pardos e indígenas.

No painel de gráficos, vê-se a proporção de estudantes que frequentaram o ensino médio na rede pública (Gráfico 18) e de pretos, pardos e indígenas egressos do ensino médio público (Gráfico 19) por curso de graduação das instituições federais entre 2012 e 2016. Os cursos estão classificados em ordem decrescente do percentual em 2016. No eixo horizontal, quanto mais à direita, maior a presença de estudantes do respectivo perfil.

---

[1] Originalmente publicado em: https://pp.nexojornal.com.br/opiniao/2022/quais-cursos-de-gradua%c3%a7%c3%a3o-foram-mais-transformados-pelas-cotas.

Gráfico 18 – Percentual de egressos de escola pública entre ingressantes nas Ifes (todos os egressos, em 2012 e em 2016)

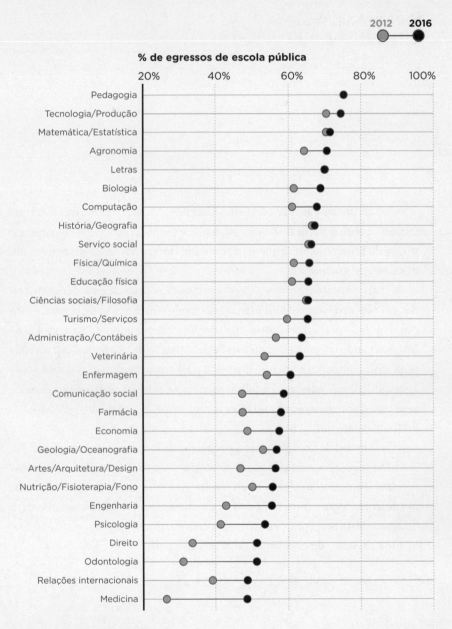

Fonte: Censo do Ensino Superior, Ministério da Educação.

Gráfico 19 – Percentual de egressos de escola pública entre ingressantes nas Ifes (pretos, pardos e indígenas, em 2012 e em 2016)

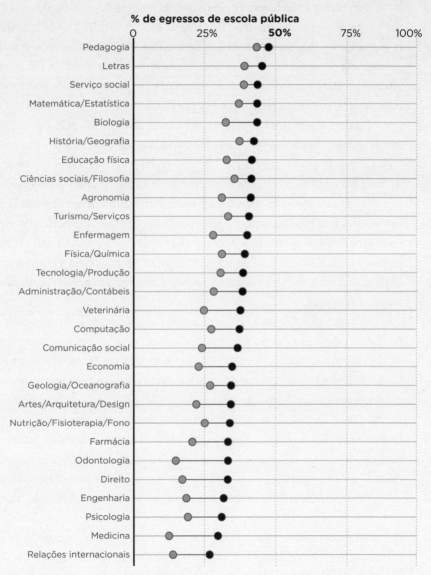

Fonte: Censo do Ensino Superior, Ministério da Educação.

Em linhas gerais, o padrão observado nos dois gráficos é similar. Ambos acusam um deslocamento dos percentuais para os valores mais elevados, evidenciando um aumento da participação dos dois grupos beneficiários da política de cotas em quase todos os cursos.

Retrocessos não houve em nenhum; na pior das hipóteses, alguns cursos permaneceram estagnados: Pedagogia, Matemática/Estatística, Letras, História/Geografia, Serviço Social e Ciências Sociais/Filosofia apresentaram percentuais de ingressantes oriundos do ensino médio público similares em 2012 e em 2016. Em todo caso, com percentuais superiores a 50% do total de ingressantes, conforme preconiza a Lei de Cotas.

Há dois resultados que valem a pena ser ressaltados. O primeiro deles é que as transformações foram mais pronunciadas quanto menor o patamar de inclusão prévio de um dado curso. Isso se percebe pela distância entre a marca de 2012 e a de 2016, crescente conforme se desce verticalmente os gráficos. Ou seja, cursos como os mencionados no parágrafo anterior representam carreiras já bastante acessíveis e que, portanto, tiveram seu perfil discente pouco modificado após a adoção integral da política de cotas. O mesmo não pode ser dito dos cursos de Medicina, Relações Internacionais, Odontologia, Direito, Engenharia e Psicologia, nos quais se observa um grande hiato entre o antes e o depois.

O segundo resultado é que as variações são maiores quando se considera o critério racial. Em outras palavras, a distância relativa entre as marcas de 2012 e de 2016 é maior no Gráfico 19 do que no Gráfico 18. Isso reforça uma conclusão que temos enfatizado em nossos estudos: os estudantes pretos, pardos e indígenas de escola pública foram os principais beneficiários da Lei de Cotas. Isso se observa bem – mas não exclusivamente – no curso de Odontologia. Entre os dois anos considerados, há um crescimento relativo de 64% na participação de egressos do ensino médio público. Contudo, esse crescimento é de 125% entre pretos, pardos e indígenas do ensino médio público.

O leitor pode estar se perguntando: por que isso acontece? Há três fatores que explicam as variações entre os cursos. O primeiro deles é que carreiras já bastante acessíveis – isto é, aquelas que em 2012 já apresentavam mais da metade de seus ingressantes oriundos do ensino médio público – têm menos margem para mudanças. É por isso que, em alguns cursos, as marcas do antes e do depois praticamente se sobrepõem. Daí se conclui que nos cursos mais elitizados reside a maior margem de transformação. Por isso, foram esses os mais impactados pela implementação integral da Lei de Cotas.

De fato, estimamos que os cursos de graduação menos concorridos (em termos de razão candidato/vaga) foram pouco modificados após a edição da lei. Por exemplo, os cursos 25% menos concorridos observaram um acréscimo de somente 2% na presença de estudantes oriundos da rede pública. Já os cursos 25% mais concorridos observaram um crescimento de 23% na participação de egressos do ensino médio público (Mello e Senkevics, 2020).

O segundo fator que ajuda a entender os nossos resultados diz respeito a uma alteração na estrutura de incentivos dos candidatos. Jovens que antes não viam chances de ingressar em determinadas carreiras – ainda que fossem sua preferência ou vocação – tendiam a escolher, antes da política de cotas, cursos mais facilmente acessíveis. Com as cotas, há um reajuste de expectativas em que o candidato pode ser mais ousado na escolha de carreira. Um exemplo disso ocorre na UnB: ao passo que houve uma queda de 11% na participação de egressos do ensino médio público no curso de Pedagogia, houve um acréscimo de 118% na participação destes no curso de Direito. Esse fenômeno se repete em outras universidades e com outras carreiras.

Finalmente, o terceiro fator relaciona-se com a importância do critério racial para a garantia de acesso dos pretos, pardos e indígenas. É cada vez mais evidente que negros e indígenas enfrentam mais obstáculos para ingressar no ensino superior, ainda que alcancem o mesmo desempenho ou tenham o mesmo nível socioeconômico dos jovens brancos. Logo, uma subcota racial dedicada ao combate do racismo é um elemento de grande importância em uma política de ação afirmativa e, por isso, pode ter efeitos maiores quando comparada com outros recortes que não consideram a especificidade da desigualdade racial.

Os resultados aqui apresentados exemplificam transformações no perfil discente dos cursos de graduação no Brasil antes e depois da Lei de Cotas. Por óbvio, esses dados não encerram o debate. Indicam, de todo modo, caminhos para se avaliar e aperfeiçoar uma política de ação afirmativa da extensão como a que implementamos no país.

Referência

Mello, U. M.; Senkevics, A. S. Os cursos de graduação das universidades federais antes e depois da Lei de Cotas. *In:* Barbosa, M. L. O. (org.). *A expansão desigual do ensino superior no Brasil.* Curitiba: Appris, 2020. p. 83-108.

PARTE IV

O perfil dos estudantes de cada universidade

O perfil dos estudantes da Uerj[1]

Luiz Augusto Campos
Juliana Marques

Em 2023, o sistema de cotas da Uerj, a primeira universidade do país a adotar a política, completa 20 anos. Ainda nos anos 2000, a Assembleia Legislativa do Estado do Rio de Janeiro aprovou a reserva de 50% das vagas de cada curso de graduação para estudantes que tivessem cursado todo o ensino médio na rede pública de ensino estadual ou municipal. Em 2002, uma nova lei criou subcotas raciais e remodelou o sistema como um todo.

A aplicação efetiva das cotas socioeconômicas e raciais só se deu em 2003, com a criação do modelo até hoje vigente, que reservou 45% das vagas para estudantes carentes, divididos entre estudantes da rede pública (20%), pessoas negras (20%) e pessoas com deficiência e integrantes de minorias étnicas (5%), conforme esquema a seguir.

Apesar do seu pioneirismo, os resultados das políticas de cotas na Uerj ainda são pouco conhecidos. Isso porque a universidade não compila de modo sistemático os dados raciais de seus estudantes em uma base unificada. Para analisar seus resultados, este texto se baseou numa interpolação de duas bases de dados, obtidas junto à Uerj: a base de dados socioeconômicos compilados no momento da inscrição no vestibular pelo Departamento de Seleção Acadêmica (DSEA) e a base de dados com informações acadêmicas registradas no Sistema de Acompanhamento da Graduação (SAG). Como essas bases só se tornam estáveis e confiáveis a partir de 2012, os dados que se seguem analisam o ingresso de cotistas e não cotistas entre os anos 2013 e 2019.

---

[1] Originalmente publicado em: https://pp.nexojornal.com.br/opiniao/2023/12/13/as-cotas-na-uerj-desafios-de-um-caso-pioneiro.

Gráfico 20 – Distribuição das cotas na Uerj

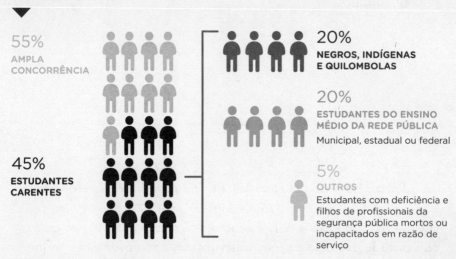

Fonte: UERJ (Universidade do Estado do Rio de Janeiro).

Nesse período, houve uma consolidação do percentual pretos e pardos entre os matriculados em percentuais próximos aos 50%. Vale notar que, a exemplo do que ocorre em outras instituições de ensino federal analisadas por nós, o percentual de negros matriculados excede a reserva de vagas. Aliás, no caso da Uerj, a cota racial é relativamente limitada, somando 20% do total de vagas e ainda dentro da cota de estudantes carentes. Logo, a inclusão racial na Uerj está se dando para além das cotas.

No entanto, houve uma pequena redução do percentual de negros na universidade se compararmos 2013 e 2019 e uma ampliação do contingente branco. Ingressantes autodeclarados pretos passaram de 16,8% para 15,7%, enquanto ingressantes pardos ampliaram sua participação no ingresso de 24,0% para 26,6%. Mais do que um problema de recrutamento, isso deve se explicar pela redução da não resposta de raça/cor (Gráfico 21) e pelo aumento do ingresso de estudantes pela ampla concorrência (Gráfico 22). Ao longo dos anos, o maior percentual de ingresso (44%) de pessoas negras (pretas + pardas) aconteceu no vestibular de 2017, contudo é importante destacar que ocorreu uma queda significativa na quantidade de pessoas interessadas em ingressar na instituição devido à crise enfrentada pela universidade em 2016.

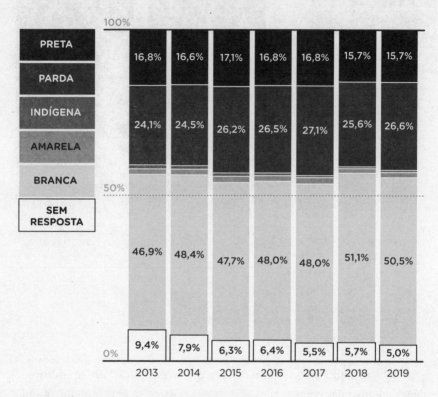

Gráfico 21 – Perfil dos ingressantes na Uerj em 2019, por raça/cor

Fonte: Tabulação própria, com dados disponibilizados pela Uerj (Universidade do Estado do Rio de Janeiro) ao Consórcio de Acompanhamento de Ações Afirmativas.

Isto é, a crise vivida pela Uerj levou a um aumento de mais de 10,0 pontos percentuais de ingressantes via ampla concorrência entre 2013 e 2019, e à consequente redução de ingressantes por cotas. A universidade experimentou uma redução de 5,0 pontos percentuais dos ingressantes das cotas para escola pública e raça. Isso sugere o quanto a saúde financeira das universidades e sua capacidade de atração impactam no seu alunado. Ao mesmo tempo, reforça o quanto a lei estadual de cotas impacta na presença de negras e negros na universidade, mantendo um patamar mínimo de inclusão mesmo em momentos críticos.

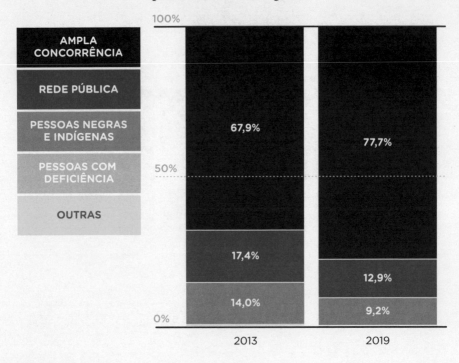

Gráfico 22 – Perfil dos ingressantes na Uerj em 2013 e 2019, por modalidade de ingresso

Fonte: Tabulação própria, com dados disponibilizados pela Uerj (Universidade do Estado do Rio de Janeiro) ao Consórcio de Acompanhamento de Ações Afirmativas.

Outro dado que merece atenção é a leve redução do equilíbrio de gênero dentro das cotas raciais. Ainda que pessoas negras tenham ampliado a sua participação no ingresso, 40,8% em 2013 e 42,3% em 2019, houve redução do ingresso de mulheres negras e aumento do ingresso de homens negros (Gráfico 23). Vale notar que o mesmo movimento aconteceu entre ingressantes brancos. Isso pode refletir tanto problemas relativos aos registros quanto efeitos da supracitada crise, que pode ter afastado mais as mulheres do que os homens.

**Gráfico 23 – Perfil dos ingressantes na Uerj em 2013, 2016 e 2019
(por modalidade, gênero e raça/cor)**

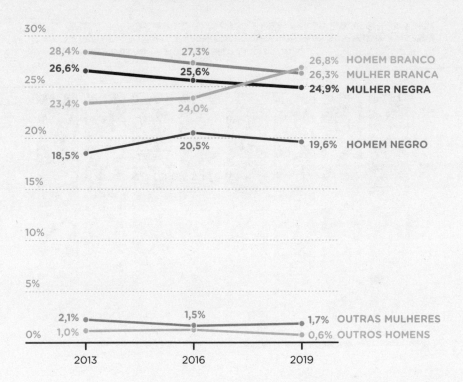

Fonte: Tabulação própria, com dados disponibilizados pela Uerj (Universidade do Estado do Rio de Janeiro) ao Consórcio de Acompanhamento de Ações Afirmativas.

Quando analisamos o perfil dos estudantes negros pelas grandes áreas dos seus cursos em 2019 (Gráfico 24), a universidade parece refletir tendências gerais do ensino superior. Negros e negras predominam nas ciências humanas, onde somam 49% das matrículas. O centro de Engenharia e Tecnologia é o que tem menor percentual de negros/as, 35,2%; seguido do centro de Ciências Biológicas, com 37,6%. Em termos de gênero, mulheres predominam nas Artes (70%) e na Letras (63,3%). Homens, por seu turno, predominam no centro de Engenharia e Tecnologia (65,8%) e no centro de Ciências Exatas e da Terra (60,9%).

Gráfico 24 – Perfil dos ingressantes na Uerj em 2019, por área de conhecimento (com os recortes de gênero e raça/cor)

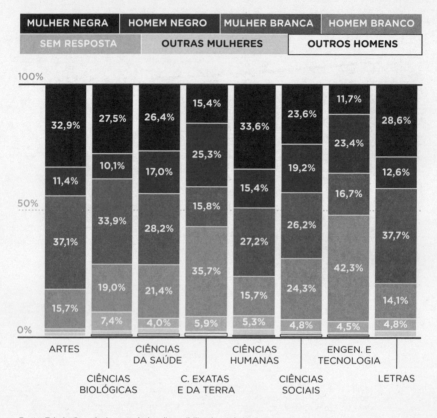

Fonte: Tabulação própria, com dados disponibilizados pela Uerj (Universidade do Estado do Rio de Janeiro) ao Consórcio de Acompanhamento de Ações Afirmativas.

Todos esses dados mostram que a participação de negros e negras no alunado da Uerj transcende as cotas, o que é uma conquista. Ainda assim, eles também sugerem que os momentos de crise vividos pela universidade tiveram impacto direto sobre a diversidade do seu corpo discente. Ainda que de modo tímido, estudantes brancos e brancas ampliaram sua entrada na universidade entre os anos 2016 e 2019. Logo, o sucesso das ações afirmativas depende da proteção e do fomento à universidade.

O perfil dos estudantes da UnB[1]

Juliana Marques
Luiz Augusto Campos

Em 2023, a UnB completou 20 anos da implementação do sistema de cotas, tendo sido a primeira instituição federal de ensino superior a adotar tal tipo política, muito antes da lei que expandiu ações afirmativas para o sistema como um todo. Hoje a UnB hoje conta com três formas de ingresso: vestibular, Sisu/Enem e Programa de Avaliação Seriada (PAS), e três sistemas de ingresso: universal, cota para escolas públicas e cota para PPIs. Dentro dos sistemas de cotas, ainda é considerada a situação socioeconômica dos estudantes e o fato de serem ou não pessoas com deficiência, o que demonstra a complexificação da política de modo geral.

Neste texto, apresentamos as mudanças no perfil dos ingressantes na UnB[2] nos últimos anos de acordo com forma de ingresso, sexo, idade entre outros fatores. Desde 2017, a entrada de cotistas representa mais da metade do total de ingressantes (Gráfico 25). Em 2013, do total de 7.443 estudantes ingressantes, 80,9%, acessaram a universidade pelo sistema de ampla concorrência. Já em 2020, esse percentual caiu para 49,5%. O percentual de cotistas raciais passou de 15,5% em 2013 a 31,5% em 2020 (Gráfico 26). Vale notar que o percentual geral de pretos e pardos de fato matriculados na universidade tende a ser maior, já que as bases de dados administrativos utilizadas têm alto percentual sem declaração racial (26,8% dos estudantes em 2013 e 16,1% em 2019).

---

[1] Originalmente publicado em: https://pp.nexojornal.com.br/opiniao/2023/12/13/as-cotas-na-uerj-desafios-de-um-caso-pioneiro.

[2] Pelos sistemas: Vestibular, Sisu/Enem e PAS (Programa de Avaliação Seriada) da modalidade presencial.

Gráfico 25 – Perfil dos ingressantes na UnB
(por sistema de ingresso, entre 2013 e 2020)

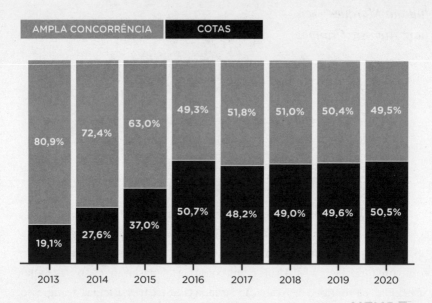

Fonte: Levantamento próprio, com dados da universidade.

Gráfico 26 – Percentual de ingressantes por cotas raciais na UnB
(PPI e PPI + Social, por gênero, entre 2013 e 2020)

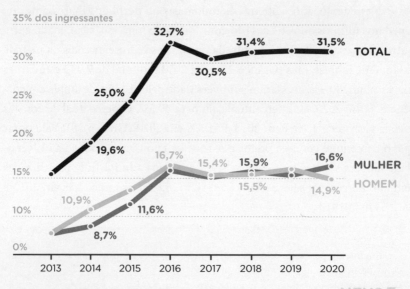

Fonte: Levantamento próprio, com dados da universidade.

Uma questão importante a se analisar tem a ver com as diferentes proporções de concluintes da UnB de acordo com os grupos de ingresso. Existem diferentes formas de analisar esse dado, sobretudo quando temos em vista as altas taxas de evasão existentes no ensino superior brasileiro. Consideramos aqui o percentual de ingressantes da ampla concorrência e ingressantes cotistas em comparação com os concluintes de cada grupo entre 2013 e 2015. Como é possível perceber pelo Gráfico 27, estudantes cotistas foram 19,1% dos ingressantes em 2013 e representaram 18,9% dos concluintes.[3] Já em 2017, tivemos 48% de ingressantes cotistas contra 44% de concluintes cotistas. Não há portanto uma grande distância na relação entre ingressantes e concluintes quando comparamos estudantes da ampla concorrência e das cotas.

Gráfico 27 – Percentual de ingressantes e concluintes na UnB
(por sistema e ano de ingresso)

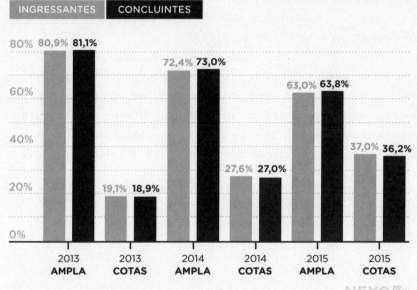

Fonte: Levantamento próprio, com dados da universidade.

---

[3] A decisão de agrupar os status de "formado" e "concluído" foi tomada considerando o intervalo de tempo que pode ocorrer entre a conclusão do curso pelo estudante e a finalização dos trâmites necessários para a sua formatura. O período de ingresso foi restringido até 2017 por contemplar a maioria dos cursos que possuem indicação de formação em 8 períodos. O percentual total de estudantes que ingressaram após 2017 e que concluíram ou fizeram formatura é de menos de 2%. A referência de atualização do status dos ingressantes é 2021.

Segundo o relatório *Análise do sistema de cotas para negros da Universidade de Brasília*,[4] publicado pela própria universidade, entre o segundo semestre de 2004 e o segundo semestre de 2012, 17% do total de 36.896 alunos registrados eram cotistas negros, e os outros 83% eram estudantes que ingressaram pelo sistema de ampla concorrência. Entre os formados no mesmo período, 18,5% eram estudantes cotistas negros e 81,5% estudantes que ingressaram por ampla concorrência. Ou seja, o percentual de ingressantes e formados estava no mesmo patamar.

Finalmente, analisamos as diferenças de desempenho acadêmico dos estudantes. Entre 13.335 estudantes que passaram pela UnB entre 2013 e 2017, a média do Índice de Rendimento Acadêmico (IRA)[5] foi de aproximadamente 4,00 pontos, tanto entre cotistas (IRA 4,00) quanto entre não cotistas (IRA 4,01) (Gráfico 28). A amplitude interquartílica, que mede a dispersão dos dados na parte central, é um pouco maior entre os não cotistas. No entanto, os dois sistemas de ingresso apresentam médias e medianas muito próximas, o que sugere que a distribuição dos dados é bastante simétrica e semelhante, com percentual de *outliers* de menos de 1%.

As análises aqui apresentadas ainda são preliminares e tiveram de lidar com alguns problemas das bases de dados disponibilizadas. De todo modo, os números sugerem um aumento significativo de ingressantes por cotas ao longo da série histórica analisada. Ademais, não parece haver diferenças substantivas de desempenho universitário entre cotistas e não cotistas. Ambos apresentam taxas similares de conclusão dos cursos e índices similares de rendimento acadêmico.

---

[4] Universidade de Brasília. *Análise do Sistema de Cotas para Negros da Universidade de Brasília: Período: 2º semestre de 2004 ao 1º semestre de 2013*. Disponível em: https://apublica. org/wp-content/uploads/2018/04/RELATO%CC%81RIO-FINAL_Ana%CC%81lise-do-Sistema-de-Cotas-Para-Negros-da-UnB.pdf. Acesso em: 17 mar. 2025.

[5] A escala do IRA varia de 0,0 a 5,0. O quantitativo de 13.335 estudantes desconsidera valores não identificados n = 125 e zerados n = 12.

Gráfico 28 – *Boxplot* do IRA
(no período entre 2013 e 2017, por sistema de ingresso na UnB)

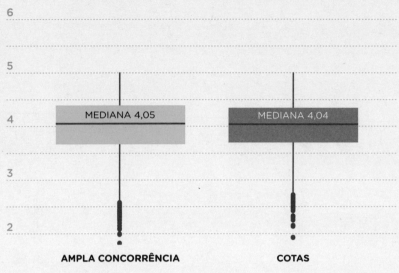

Fonte: Levantamento próprio, com dados da universidade.

Gráfico 29 – *Boxplot* do IRA do curso de medicina da UnB
(no período entre 2013 e 2017, por sistema de ingresso)

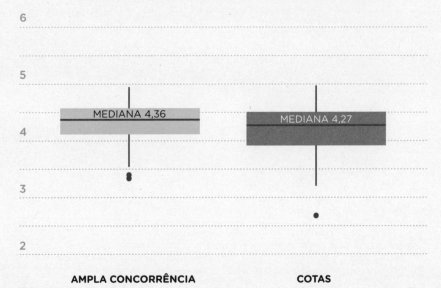

Fonte: Levantamento próprio, com dados da universidade.

O perfil dos estudantes da UFBA[1]

Caio Vinicius dos Santos Silva

No início dos anos 2000, uma das principais reivindicações dos movimentos sociais e negro era a implantação de políticas afirmativas nas universidades brasileiras. Nesse contexto, a UFBA realizou, em 2005, o seu primeiro vestibular com cotas. Com base na Resolução n.º 1/2004, estabeleceu-se que, em cada processo seletivo para ingresso nos cursos de graduação, haveria uma reserva de 45% das vagas distribuídas do seguinte modo: 43% para egressos das escolas públicas (com subcota de 85% para autodeclarados pretos e pardos) e 2% para indígenas.

Destaca-se que uma normativa nacional nessa perspectiva é promulgada sete anos mais tarde, por meio da Lei n.º 12.711/2012, ampliando o percentual para 50%. Desse modo, a UFBA foi uma das pioneiras no país com reserva de vagas. Neste texto, fizemos um levantamento para identificar como se encontra o corpo estudantil da universidade no pós-cotas. Para tanto, recolhemos dados dos ingressantes no período de 2005 a 2019. Isto é, investigamos tanto o ingresso dos estudantes quanto sua alocação nos cursos em 15 anos de políticas afirmativas.

Para efeitos de análise, optamos por agrupar os estudantes em dois conjuntos: o primeiro com brancos e PPIs, e o segundo contemplando cotistas e não cotistas. Observamos os dados a partir dessas variáveis para compreender possíveis diferenças e semelhanças entre tais categorias.

---

[1] Originalmente publicado em: https://pp.nexojornal.com.br/opiniao/2023/09/26/a-ufba-no-pos-cotas-estudantes-brancos-e-ppi-em-15-anos-de-politica.

Nesses 15 anos de políticas afirmativas, reunimos informações acerca dos ingressantes que apresentavam dados referentes ao quesito raça/cor e cotas. O grupo investigado foi de 24.190 estudantes. Destes, brancos correspondem a 6.028 (24,9%). Por outro lado, as pessoas PPIs compõem um grupo de 18.162 (75,1%). Inicialmente, conseguimos identificar que a quantidade de PPIs na UFBA, no período mencionado, é estatisticamente superior ao de brancos. Essa afirmação pode ser verificada em todos os anos investigados.

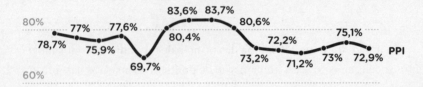

Gráfico 30 – Proporção de ingressantes na UFBA
(por raça/cor, de 2005 a 2019)

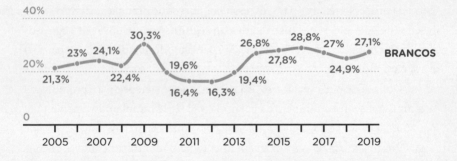

Fonte: Elaborado pelos autores, com base nos dados da Prograd/UFBA.

De modo geral, no corpo discente da UFBA, há mais PPIs do que brancos. Contudo, é imprescindível fazer alguns destaques para que os dados possam ser corretamente interpretados. De início, vale destacar que observamos a categoria "branco" em contraste com a categoria "PPI", que agrupa os pretos, pardos e indígenas. Assim, é esperado que o percentual de PPIs seja superior. Além disso, é fundamental situar que estamos investigando uma universidade federal localizada na Bahia e que, nessa unidade federativa, tanto o número de pretos quanto o número de pardos são superiores ao de brancos (IBGE, 2022).

Ainda na perspectiva de revelar alguns aspectos essenciais acerca do ingresso na UFBA pós-cotas, ressaltamos que os primeiros dados referentes a brancos e PPIs, por si só, não correspondem aos usos das cotas. Ou seja, é preciso identificar quantos estudantes brancos e PPIs entraram na universidade por meio da reserva de vagas ou através da ampla concorrência.

Tabela 2 – Relação cor/raça e categorias de cotas na UFBA (2005-2019)

	COTISTAS		NÃO COTISTAS	
	N	%	N	%
Brancos	915	15,2	5.113	84,8
PPI	10.286	56,6	7.876	43,4

Fonte: Elaborado pelo autor, a partir de dados da PROGRAD/UFBA.

Observamos que brancos ocupam predominantemente a categoria dos não cotistas (84,8%). De modo contrário, o maior percentual de acadêmicos PPIs (56,6%) estão alocados no grupo dos cotistas. Essa constatação também é esperada, levando-se em consideração os objetivos da política afirmativa. Todavia, um elemento que nos chama a atenção é a quantidade expressiva de PPIs no grupo dos não cotistas. Isso significa dizer que 43,4% dos ingressantes de cor preta, parda ou indígena não utilizaram as cotas para ingressarem à UFBA. Dessa maneira, concluímos que, daquela alta taxa de ingressantes PPIs, mais de dois quintos são não cotistas.

Na tentativa de obter um melhor panorama para verificar os desdobramentos da política na instituição, investigamos a categoria cota ao longo dos 15 anos. O Gráfico 31 a seguir elucida essa questão, evidenciando as oscilações no ingresso de cotistas e não cotistas.

**Gráfico 31 – Proporção de ingressantes na UFBA
(por categoria de cotas, de 2005 a 2019)**

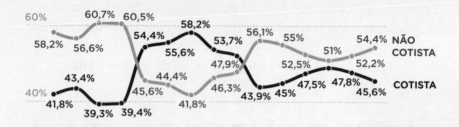

Fonte: Elaborado pelos autores, com base nos dados da Prograd/UFBA.

Nos primeiros anos de cotas na UFBA, estudantes cotistas eram minoria. Esse cenário é alterado a partir de 2009, em que cotistas ocupam as maiores taxas de ingresso, estendendo-se até o ano 2013. Um dos motivos para essas mudanças pode ser o fato da discussão e da implantação da política nacional de cotas. Talvez a articulação dos movimentos sociais tenha sido um fator que impulsionou pessoas PPIs a realizarem processos de admissão na UFBA. A partir de 2014, os não cotistas assumem os maiores índices de matrícula, indicando a necessidade de a UFBA repensar estratégias para efetivação da política afirmativa.

Na parte final deste artigo, investigamos os cursos mais frequentados, seja por categoria de cotas, seja por raça/cor. Analisamos a frequência por dois aspectos: números absolutos (NA) e porcentagem (%). Como resultado, encontramos que, em NA, Direito foi o curso com maior ingresso para todas as categorias. Essas constatações são alteradas quando verificamos a frequência por porcentagem.

Tabela 3 – Cursos de maior ingresso à UFBA
(2005-2019)

CATEGORIA	FREQUENTADOS POR NÚMEROS ABSOLUTOS		FREQUENTADOS POR PORCENTAGEM	
	NA			%
Cotista	Direito	994	Licenciatura em ciências Naturais	61,7
Não cotista	Direito	1.016	Decoração	65,8
Brancos	Direito	590	Arquitetura e Urbanismo	37,1
PPI	Direito	1.420	Biblioteconomia e Documentação	90,8

Fonte: Elaborado pelo autor, a partir de dados da Prograd/UFBA.

Nos dados que revelam em quais cursos as categorias são percentualmente mais representativas, verifica-se uma cisão da suposta homogeneidade dos NA. Nesse recorte, encontramos uma relação direta de brancos e não cotistas com os cursos de maior prestígio e remuneração. Cotistas e PPIs, de modo contrário, exibem uma relação inversa, ocupando majoritariamente cursos de menor prestígio, remuneração e concorrência.

Diante disso, conclui-se que muitos PPIs têm ingressado à UFBA em 15 anos de políticas afirmativas. Entretanto, o desafio permanece no sentido de possibilitar uma representação percentual mais significativa nos cursos mais desejados. Talvez, a heteroidentificação concretize essa presença equitativa, mas essa é uma intervenção que precisaremos de tempo para avaliar.

Referência

Instituto Brasileiro de Geografia e Estatística (IBGE). *Pesquisa Nacional por Amostra de Domicílios Contínua*. IBGE, 2022. Disponível em: https://www.ibge. gov.br/estatisticas/sociais/populacao/9127-pesquisa-nacional-por-amostra-de-domicilios.html. Acesso em: 25 nov. 2024.

O perfil dos estudantes da Unicamp[1]

Ana Maria F. Almeida
Rafael Pimentel Maia
José Alves de Freitas Neto

Nas sociedades industrializadas contemporâneas, as credenciais escolares são poderosos instrumentos de acesso a melhores condições de trabalho e a melhores salários. No Brasil, onde a desigualdade de renda é muito alta, os ganhos associados ao aumento nos anos de escolarização estão entre os maiores do mundo. Não é surpresa, portanto, que o acesso ao ensino superior e, em especial, à formação oferecida pelas universidades públicas tenha se tornado objeto de debate e um indicador da qualidade da nossa democracia, resultando em investimentos importantes na expansão da educação superior e em uma série de políticas dirigidas a grupos tradicionalmente menos representados nesse nível de ensino.

A Unicamp não ficou imune a essas transformações. Ao longo dos anos 2000, houve uma expansão de aproximadamente 41% das vagas, principalmente no turno noturno e em novos cursos, alguns deles localizados em um novo *campus* na cidade de Limeira, onde havia menor tradição universitária. Em paralelo, foram implementadas ações afirmativas na seleção dos estudantes de graduação. Estas se modificaram ao longo do tempo. Em 2005, adotou-se um programa de bonificação na nota obtida no vestibular pelos estudantes de escola pública, com um acréscimo de pontos àqueles egressos que se declarassem pretos, pardos ou indígenas (Paais). Em 2011, foi implantado um programa para recrutar, sem vestibular, estudantes de escola pública da região de Campinas (Programa de Formação Interdisciplinar – ProFIS).

---

[1] Originalmente publicado em: https://pp.nexojornal.com.br/opiniao/2022/03/16/experiencias-com-acoes-afirmativas-o-caso-da-unicamp.

O desempenho satisfatório dos estudantes ingressantes contribuiu para diminuir a resistência de setores da universidade às políticas de ação afirmativa. No entanto, elas não alcançaram o grau de inclusão de estudantes oriundos da escola pública e de estudantes negros que correspondesse às expectativas da universidade. Isso intensificou a demanda por mudança. Em resposta, houve uma revisão do Paais em 2014 e outra em 2016, aumentando a bonificação. Essas medidas permitiram ampliar significativamente o número de estudantes do primeiro grupo, mas não do segundo. Tampouco resolveram as distorções por curso. Estudantes negros, muitos deles admitidos por meio desses programas, continuavam organizados, demandando medidas para corrigir esses problemas. Como resultado, a Unicamp instituiu, em 2019, um programa de cotas étnico-raciais que não se limita aos estudantes da escola pública e um vestibular específico para estudantes indígenas.

Os gráficos a seguir mostram os efeitos dessas políticas sobre as características sociais dos estudantes matriculados em relação a origem da escola do ensino médio, raça e renda familiar *per capita*, no período de 2003 a 2021.

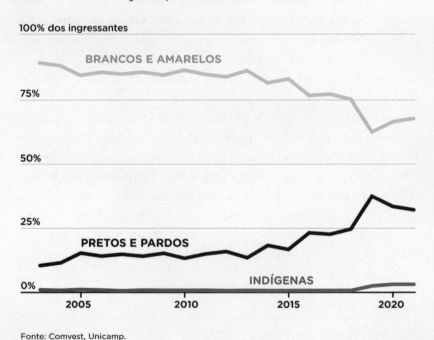

Gráfico 32 – Estudantes ingressantes na Unicamp
(por raça/cor, entre 2003 e 2021)

Fonte: Comvest, Unicamp.

Os dados permitem identificar algumas fases. Entre 2003 e 2010, a participação dos estudantes que cursaram integralmente o ensino médio em escolas públicas no conjunto dos ingressantes ficou em torno de 30%, com um pico de 34,1% em 2005, primeiro ano da política de bonificação. Entre 2011 e 2015, essa proporção ultrapassou, ainda que modestamente, os 30%, com um pico de 38,7% em 2014, o que pode ser atribuído à implementação do ProFIS, em 2011, e à revisão da política de bonificação, em 2014. Em 2016, com a nova revisão da política de bonificação, a proporção de ingressantes egressos de escolas públicas ficou muito próxima a 50%.

Gráfico 33 – Estudantes ingressantes na Unicamp
(por escola em que cursou o ensino médio, entre 2003 e 2021)

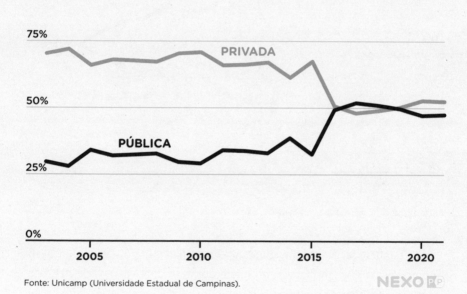

Fonte: Unicamp (Universidade Estadual de Campinas).

Em relação aos estudantes autodeclarados pretos e pardos, houve um aumento na proporção de ingressantes ao longo dos anos, à medida que as políticas de ação afirmativa foram implementadas e revisadas, variando entre 15,4% e 24,7% no período entre 2005 e 2018. Porém, só a partir do primeiro ingresso após a adoção da política de cotas étnico-raciais e do Vestibular Indígena, em 2019, a proporção de ingressantes pretos e pardos ultrapassou o patamar de 30%, chegando a 37,5% em 2019, aproximando-se da proporção encontrada na população do estado de São Paulo. Se considerarmos apenas os ingressantes indígenas, vemos que, entre 2005 a 2018, eles representavam, em média, 0,3% do total de alunos ingressantes. A partir de 2019, quando acontece a primeira edição do Vestibular Indígena, passou a 2% e 2,6% nos dois anos seguintes.

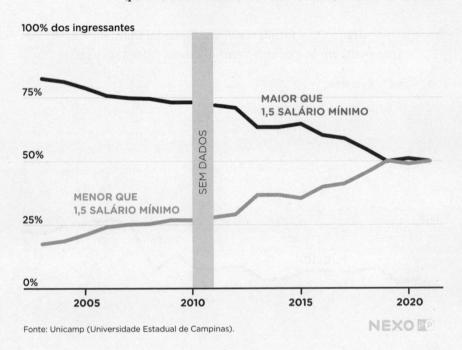

Gráfico 34 – Estudantes ingressantes na Unicamp (por renda familiar, entre 2003 e 2021)

Fonte: Unicamp (Universidade Estadual de Campinas).

Também se observa uma mudança do perfil dos ingressantes em relação à renda *per capita* familiar. Se, no início dos anos 2000, menos de 20% dos ingressantes tinham origem em famílias com renda familiar *per capita* de até um salário mínimo e meio, a partir de 2019, cerca de metade dos ingressantes estão nesse grupo.

A experiência da Unicamp mostra que os diferentes tipos de ação afirmativa correspondem a graus variados de abertura da universidade para grupos tradicionalmente menos representados. Os números apresentados aqui indicam que a adoção de cotas foi crucial para ampliar o ingresso de estudantes negros, indígenas e de baixa renda nos diferentes cursos de graduação dessa universidade. Isso foi particularmente importante para conter os efeitos da pandemia, que, como sabemos, atingiram de maneira mais forte as escolas públicas.

Embora o ingresso não seja garantia de conclusão ou mesmo de uma experiência universitária satisfatória, há indícios de que os esforços despendidos pela Unicamp para apoiar a permanência, principalmente em termos de apoio financeiro e de apoio pedagógico, têm contribuído, junto a outros fatores que resta examinar, para que isso aconteça com a maior parte dos estudantes.

O perfil dos estudantes da UFMG[1]

Gustavo Bruno de Paula
Bréscia França Nonato
Cláudio Marques Martins Nogueira

Diferentes pesquisas sociológicas sugerem que a expansão de determinado nível educacional não leva automaticamente a uma redução das desigualdades de acesso em seu interior. Essa situação se explicaria pelo fato de que as famílias com maiores vantagens sociais estariam mais bem posicionadas para aproveitar as novas oportunidades criadas pela expansão em questão. Nesse sentido, para atingir uma maior igualdade no acesso a dado nível educacional, seria mais eficaz a adoção de medidas que modifiquem os mecanismos de seleção e de alocação das vagas a fim de incluir mais estudantes desfavorecidos.

Na UFMG, até 2008, a principal forma de ampliação do acesso consistiu na expansão de vagas, especialmente com a criação de cursos no período noturno. Em conjunto com outras iniciativas, como o estabelecimento de isenção da taxa de inscrição do vestibular para estudantes de baixa renda, esse foi o meio até então adotado para alcançar maior inclusão social na instituição.

A partir de mobilizações internas e externas à universidade, em especial do movimento negro, o conselho universitário aprovou em 2008 a primeira política de ação afirmativa da UFMG, que entraria em vigor no ano seguinte. Optando por um modelo baseado em bonificação, candidatos que haviam cursado os últimos sete anos em escolas públicas recebiam uma adição de 10% sobre as notas obtidas no vestibular, enquanto aqueles que, além desse critério, haviam se autodeclarado pretos ou pardos recebiam o adicional de 15%.

---

[1] Originalmente publicado em: https://pp.nexojornal.com.br/opiniao/2021/11/19/equalizacao-do-acesso-a-ufmg-apos-uma-decada-de-acoes-afirmativas.

Com a aprovação da Lei n.º 12.711/2012, a Lei de Cotas, a política de bônus foi suprimida e substituída pela reserva de vagas. Em 2013, a universidade optou pela reserva mínima de 12,5% das vagas, tendo esse percentual aumentado para 25% em 2014, 37,5% em 2015 e, finalmente, 50% em 2016.

Com base nos gráficos a seguir, avaliamos as mudanças do perfil dos ingressantes da instituição entre os anos 2005 e 2019 segundo raça, origem escolar no ensino médio e renda familiar. Os dados apresentados se limitam aos *campi* da UFMG localizados em Belo Horizonte. Demarcamos nos gráficos quatro períodos: de 2005 a 2008, em que não havia ações afirmativas para ingresso na instituição; de 2009 a 2012, no qual vigorou a política do bônus; de 2013 a 2015, período de implementação da política de cotas; e, finalmente, de 2016 a 2019, em que a reserva de vagas foi integralmente implementada.

Como é possível notar, entre os anos em que a universidade investiu sobretudo na expansão de vagas (2005 a 2008), não houve modificação significativa nos percentuais de acesso de estudantes vindos das escolas públicas, negros ou de baixa renda. Apenas a partir de 2009 essa situação é modificada de forma muito expressiva.

Gráfico 35 – Mudança na composição dos ingressantes da UFMG, por cor/raça (entre 2005 e 2019)

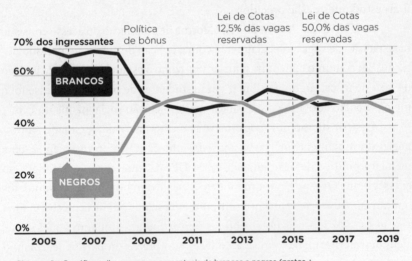

Observação: O gráfico exibe apenas os percentuais de brancos e negros (pretos + pardos). Fonte: Elaborado pelos autores, com dados da Prograd/UFMG.

Antes da implementação da política de bônus, por volta de 70% dos candidatos aprovados na UFMG eram brancos. Essa situação muda a partir de 2009, com a política de bônus. Desde então, negros e brancos passaram a ocupar percentuais semelhantes, de aproximadamente 50% das vagas da universidade. Vale notar as oscilações nos percentuais com a substituição dos modelos de ação afirmativa. Durante a vigência do bônus, candidatos negros ingressaram na universidade em proporção superior à dos brancos por três anos consecutivos. Com a supressão do bônus e sua substituição por cotas inicialmente muito reduzidas, essa situação alterou-se e houve diminuição de ingressantes negros. Em 2016, no entanto, com a implantação de uma reserva de 50% das vagas, os percentuais se reequilibraram.

Gráfico 36 – Mudança na composição dos ingressantes da UFMG, por origem escolar no ensino médio (entre 2005 e 2019)

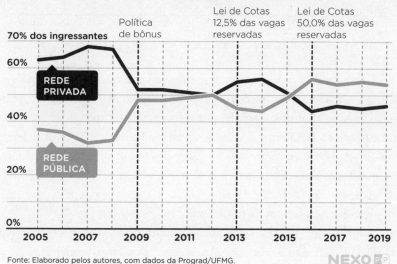

Fonte: Elaborado pelos autores, com dados da Prograd/UFMG.

Quanto à origem escolar do ensino médio, os egressos de escolas privadas ocupavam entre 60% e 70% das vagas na UFMG antes da adoção das ações afirmativas. Com a adoção da política de bônus, esse percentual inicialmente diminuiu para 52%, chegando a 49,7% em 2012. Assim como observado em relação à raça dos estudantes, essa tendência é temporariamente revertida durante o início da implementação das cotas, mas a partir de 2016, os egressos da rede pública assumem de forma mais expressiva o predomínio na universidade, ocupando mais de 50% do total de vagas nos anos seguintes.

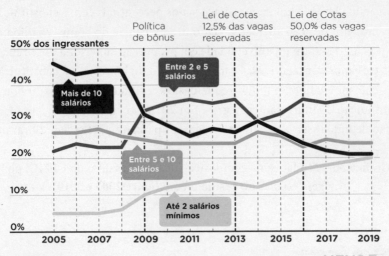

Gráfico 37 – Mudança na composição dos ingressantes da UFMG, por renda familiar (entre 2005 e 2019)

Fonte: Elaborado pelos autores, com dados da Prograd/UFMG.

Para a renda familiar, as mudanças também são consideráveis. Antes de 2008, aproximadamente 70% dos ingressantes tinham renda familiar superior a cinco salários mínimos. Considerando esse grupo, por volta de 45% tinham renda superior a 10 salários. Em 2009, com a política de bônus, as duas faixas de maior renda reduzem sua participação, e eleva-se a presença de estudantes pertencentes às duas faixas mais baixas, especialmente daqueles com renda familiar entre dois e cinco salários, que passa a ser o segmento com maior proporção de ingressantes na instituição.

Em conjunto, os dados revelam a profundidade das transformações na universidade ao longo de uma década de ações afirmativas, com a ampliação expressiva do acesso de estudantes negros, egressos de escolas públicas e de baixa renda. Sem dúvida é importante avaliar se outras formas de desigualdade persistem. Pesquisas iniciais conduzidas pelo Grupo de Estudos sobre Educação Superior (GEES/UFMG) indicam que houve ganhos de inclusão social mesmo entre os cursos de maior prestígio e retorno econômico, principalmente com a Lei de Cotas. Por outro lado, notamos que as desigualdades de acesso permanecem, por exemplo, conforme o perfil escolar dos cotistas – se vindos de escolas federais ou estaduais. Outra questão importante é verificar se o acesso desses grupos tem sido acompanhado pela permanência na graduação. De todo modo, os dados apontam a relevância das ações afirmativas em elevar a presença de estudantes historicamente excluídos de uma educação superior de qualidade.

O perfil dos estudantes da UFRJ[1]

Felícia Picanço
Marianna Assis
Daniela Santa Izabel
Vivian Nascimento

Ainda que as primeiras discussões sobre ações afirmativas na UFRJ tenham acontecido no início dos anos 2000, a primeira política de cotas da universidade só foi aprovada em 2010. A Resolução n.º 16/2010 definiu que 40% das vagas de graduação seriam para o sistema de vestibular próprio e 60% para o sistema Sisu/Enem. No sistema Sisu, 20% das vagas seriam reservadas para alunos egressos das escolas públicas de ensino médio. A Resolução n.º 14/2011 adotou integralmente o sistema Sisu/Enem e estabeleceu que 30% das vagas de graduação seriam reservadas para estudantes egressos de escola pública com renda familiar *per capita* de até um salário mínimo. Assim, até 2011, a UFRJ optou por adotar exclusivamente cotas para alunos de escola pública e baixa renda.

A partir da promulgação da Lei n.º 12.711/2012, a instituição incorporou, através das Resoluções n.º 18/2012 e 21/2012, a cota para pretos, pardos e indígenas, conforme previsto na lei. Considerando esse cenário, quais mudanças no perfil racial e de renda dos ingressantes podem ser observadas desde então?

Entre 2013 e 2017, o ingresso de estudantes pela ampla concorrência caiu de 71,2% para 50,3%,[2] indicando a adequação da instituição à Lei n.º 12.711/2012. Essa adequação trouxe a redução do percentual de ingressantes autodeclarados brancos, que, em 2012, somavam 63,2% e, em 2017, passaram

---

[1] Originalmente publicado em: https://pp.nexojornal.com.br/opiniao/2022/02/23/a-politica-de-cotas-na-ufrj-uma-abordagem-interseccional-de-raca-classe-e-genero.

[2] Todos os dados citados neste ensaio têm como fonte: Dados institucionais da UFRJ (Universidade Federal do Rio de Janeiro).

para 47,2%; e o aumento dos pardos de 21,1% para 31,1% e dos pretos de 6,6% para 13,4%. Para alcançar esses números, o papel da Lei de Cotas foi determinante, uma vez que, em 2017, 70% dos pardos e 76% dos pretos ingressaram através dela na instituição.

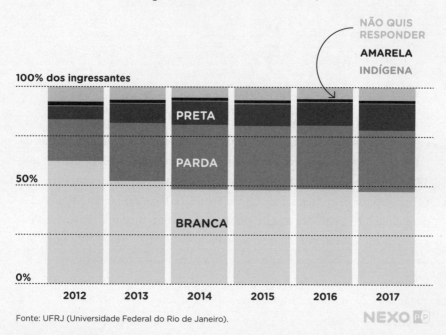

Gráfico 38 – Ingressantes na UFRJ por raça/cor
(em percentual, entre 2012 e 2017)

Fonte: UFRJ (Universidade Federal do Rio de Janeiro).

Na trilha de estudos anteriores sobre desigualdades no ensino superior (Beltrão; Teixeira, 2005; Rosemberg; Andrade, 2008; Góis, 2008; Sotero, 2013; Artes; Ricoldi, 2015; Picanço, 2015; Costa; Picanço, 2020), o tema das cotas será considerado na interseção entre raça e gênero como forma de tornar visível como marcadores sociais de diferença se articulam produzindo e reproduzindo desigualdades.

Embora com magnitudes distintas, a UFRJ acompanha as mudanças no perfil dos universitários no Brasil. Entre 2012 e 2017, a redução dos brancos foi maior para as mulheres brancas, bem como a ampliação entre os negros foi maior para os homens negros. O resultado é que, nesses quatro anos analisados, o perfil racial se modificou e veio acompanhado pelo maior equilíbrio da presença dos grupos interseccionais (Gráfico 39). Cabe ressaltar, no entanto, que as mulheres negras se aproximam do percentual das mulheres brancas, ultrapassando o percentual de homens brancos, e os homens negros se aproximam do percentual dos homens brancos.

Gráfico 39 – Ingressantes na UFRJ por gênero e raça/cor
(em percentual, entre 2012 e 2017)

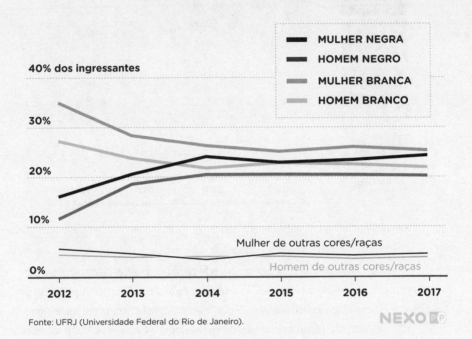

Fonte: UFRJ (Universidade Federal do Rio de Janeiro).

Ao que os dados institucionais indicam, a Lei de Cotas é decisiva para o ingresso de negros e negras na UFRJ. Em 2013, 49,9% dos homens negros e 54,1% das mulheres negras ingressavam através da ampla concorrência, e os demais, pelas diferentes cotas; em 2017, os percentuais reduzem para 24,7% e 30,4%, porque tanto negros quanto negras passaram a ingressar pelas cotas de escola pública e por raça (pretos, pardos e indígenas) com renda acima ou abaixo de um salário mínimo e meio.

Gráfico 40 – Ingressantes negros na UFRJ por modalidade de ingresso (em percentual, entre 2012 e 2017)

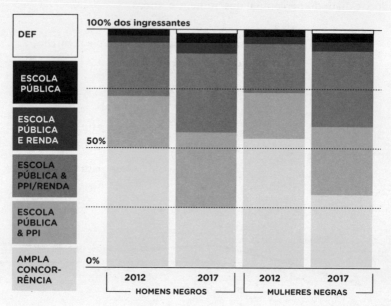

Fonte: UFRJ (Universidade Federal do Rio de Janeiro).

À identificação das mudanças no perfil racial dos ingressantes segue a pergunta: onde ingressam? Como a UFRJ oferece mais de 150 cursos, optamos por agrupá-los em cinco grandes áreas: ciência e tecnologia centrada em matemática (STEM 1); ciência e tecnologia centrada em biologia e física (STEM 2); técnicos de saúde e informação; humanidades com maior seletividade (HUM 1, exemplos: Direito, Administração, Psicologia e Comunicação); e humanidades com menor seletividade (HUM 2, exemplos: Ciências Sociais, Filosofia, História, Licenciaturas).

Em 2012, na área de ciência e tecnologia centrada em matemática (STEM 1), 57,9% eram homens brancos, 19,2%, mulheres brancas, 14,6%, homens negros e 5,8%, mulheres negras. Esses percentuais mudam, em 2017, para 37,7%, 13,4%, 29% e 11,2%, respectivamente. Ao longo do tempo, observamos que os homens negros e as mulheres negras duplicam sua participação na área, uma clara indicação de redução das desigualdades raciais. No entanto, com a ampliação dos homens negros e a redução das mulheres brancas, a desigualdade de gênero se mantém estável.

Na área STEM 2, em 2012, as mulheres brancas somavam 37,8%, os homens brancos, 28,7%, as mulheres negras, 13,1%, e os homens negros,

10,5%. Em 2017, os percentuais passam para 26,5%, 22,4%, 24,2% e 19,3%, respectivamente. A ampla redução das mulheres brancas, acompanhada da ampliação das mulheres negras e dos homens negros, resulta no maior equilíbrio da presença dos grupos de raça e gênero na área.

Gráfico 41 – Ingressantes em cursos das áreas STEM 1 e STEM 2 na UFRJ (por gênero e raça/cor, entre 2012 e 2017)

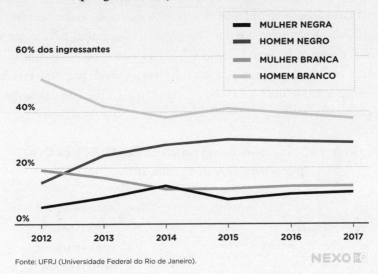

Fonte: UFRJ (Universidade Federal do Rio de Janeiro).

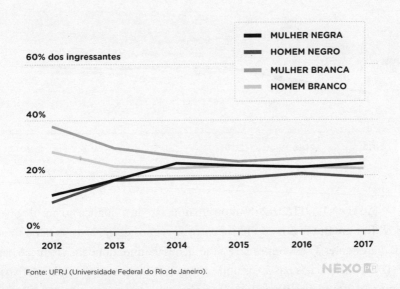

Fonte: UFRJ (Universidade Federal do Rio de Janeiro).

Na área de humanidades mais seletiva (HUM 1), em 2012, 40,5% eram mulheres brancas, 27,3%, homens brancos, 11,5%, mulheres negras e 8,5%, homens negros. Em 2017, os percentuais mudam para 29,2%, 23,8%, 20,9% e 19,10%, respectivamente. Ao longo do tempo, as mulheres brancas reduzem as chances de estar na área e se aproximam dos homens brancos. Mulheres negras e homens negros seguiram ampliando suas chances conjuntamente. Nessa área há uma redução das desigualdades de gênero e raça.

As três áreas analisadas concentram os cursos de maior seletividade da instituição, e identificamos dois comportamentos distintos. Na área onde preponderavam os homens brancos (STEM 1), não observamos queda das desigualdades de gênero, mas sim de raça. Nas áreas onde preponderavam as mulheres brancas (STEM 2 e HUM 1), observamos a redução das desigualdades de gênero e raça.

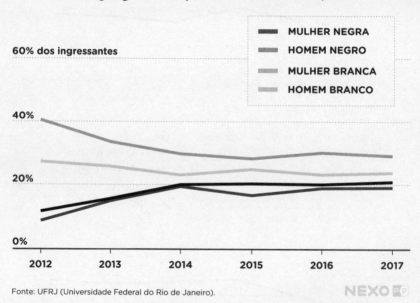

Gráfico 42 – Ingressantes em cursos da área HUM 1 na UFRJ (por gênero e raça/cor, entre 2012 e 2017)

Fonte: UFRJ (Universidade Federal do Rio de Janeiro).

A Lei n.º 12.711/2012 resultou em uma rápida mudança no perfil racial da UFRJ e em um maior equilíbrio entre os grupos de gênero e raça no total dos ingressantes. O destaque não está só aí; observamos também a redução das desigualdades raciais nas áreas onde se concentram os cursos mais seletivos, o que significa maior distribuição da presença de homens negros e mulheres negras nas áreas, e não apenas o ingresso em cursos menos seletivos. Destaca-se ainda que, na área STEM 1 (centrada em matemática e física), o gênero é ainda um importante marcador de desigualdades, porque envolve outros mecanismos seletivos para seu ingresso. Tudo isso torna mais importante uma atenção cada vez maior à dimensão interseccional das políticas afirmativas, que devem considerar não apenas as desigualdades de raça e classe, como nos dias atuais, mas também as desigualdades de gênero internas à universidade.

Referências

Artes, Amélia; Ricoldi, Arlene Martinez. Acesso de negros no ensino superior: o que mudou entre 2000 e 2010. *Cadernos de Pesquisa*, São Paulo, v. 45, n. 158, p. 858-881, dez. 2015.

Beltrão, Kaizô Iwakami; Teixeira, Moema de Poli. Cor e gênero na seletividade das carreiras universitárias. *In*: Soares, Sergei *et al.* (ed.). *Os mecanismos de discriminação racial nas escolas brasileiras.* Rio de Janeiro: Ipea; Fundação Ford, 2005. p. 143-185.

Costa, Andréa Lopes da; Picanço, Felícia. Para além do acesso e da inclusão: impactos da raça sobre a evasão e a conclusão no Ensino Superior. *Novos estudos Cebrap*, São Paulo, v. 39, n. 2, p. 281-306, ago. 2020.

Góis, João Bôsco Hora. Quando raça conta: um estudo de diferenças entre mulheres brancas e negras no acesso e permanência no ensino superior. *Revista Estudos Feministas*, Florianópolis, v. 16, n. 3, dez. 2008.

Picanço, Felícia. Juventude por cor e renda no acesso ao ensino superior: somando desvantagens, multiplicando desigualdades? *Revista Brasileira de Ciências Sociais*, v. 30, n. 88, jun. 2015.

Rosemberg, Fúlvia; Andrade, Leandro Feitosa. Ação afirmativa no ensino superior brasileiro: a tensão entre raça/etnia e gênero. *Cadernos Pagu*, Campinas, n. 31, p. 419-438, 2008.

Sotero, Edilza Correia. Transformações no acesso ao ensino superior brasileiro: algumas implicações para os diferentes grupos de cor e sexo. *In*: Marcondes, Mariana Mazzini *et al.* (org.). *Dossiê mulheres negras: retrato das condições de vida das mulheres negras no Brasil.* Brasília: Ipea, 2013. p. 35-25.

O perfil dos estudantes da UFSC[1]

Marcelo Henrique Romano Tragtenberg
Thamara Hübler Figueiró
Antonio Fernando Boing

Cinco anos antes da Lei de Cotas, a UFSC adotou cotas para os cursos de graduação de 10% para negros (preferencialmente do ensino fundamental e médio público) e 20% para egressos do ensino fundamental e médio público. Essa iniciativa também contribuiu indiretamente para essa lei, participando da audiência pública do STF e defendendo as cotas e a validação de autodeclaração de negros pelo fenótipo. O STF finalmente definiu pela constitucionalidade das cotas para negros e sua heteroidentificação. Após a constitucionalidade das cotas para negros e egressos de escolas públicas, julgada pelo STF em abril e maio de 2012, o Congresso Nacional aprovou a Lei n.º 12.711/2012, em agosto do mesmo ano.

A UFSC implantou progressivamente a Lei de Cotas. Em particular, as vagas reservadas para negros (prioritariamente de ensino público) e pretos/pardos/indígenas foram de 13,2% (2013), 14% (2014) e 16% (2015 e 2016). Segundo o Censo Demográfico de 2010, o percentual de negros e indígenas em Santa Catarina era de 16%. A partir de 2016, além das cotas, duas vagas suplementares em cada curso, para negros de qualquer percurso escolar, foram disponibilizadas, compondo cerca de 20% das vagas da UFSC oferecidas para negros, que foram aprovadas no âmbito da Política de Ações Afirmativas até 2026. Assim, de certa forma, a UFSC tem alguma independência em relação à revisão da Lei de Cotas.

Um ponto de referência para avaliar essa política de acesso é o ingresso do mesmo percentual de negros que o percentual de negros na população do

---

[1] Originalmente publicado em: https://pp.nexojornal.com.br/opiniao/2022/12/06/cotas-para-negros-e-igualdade-racial-na-ufsc.

estado. Outro indicador é a relação entre o percentual de negros no corpo discente (matriculados na graduação) e o percentual de negros no estado. Quando esses percentuais coincidem, podemos dizer que há igualdade racial, mesmo sabendo que há estudantes de outros estados na UFSC. Neste artigo serão tratados somente os percentuais de pretos e pardos somados; a dinâmica de ingresso desses dois grupos de autodeclarantes será objeto de outro artigo, e revela uma face ainda pouco abordada das ações afirmativas para negros.

No Gráfico 43, a seguir, a linha preta representa os percentuais de negros (pretos e pardos) entre os ingressantes que efetivamente se matricularam nos anos 2005-2020. A linha cinza representa o percentual de negros na população de Santa Catarina nesse período, conforme as Pnads e o Censo Demográfico do IBGE.

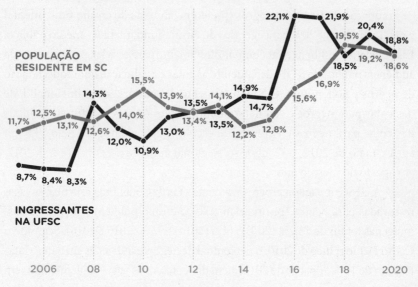

Gráfico 43 – Percentual de pessoas negras
(entre ingressantes na UFSC e na população de Santa Catarina)

Fonte: UFSC (Universidade Federal de Santa Catarina), Censo 2010 e Pnad (Pesquisa Nacional por Amostra de Domicílios) do IBGE (Instituto Brasileiro de Geografia e Estatística).

É notável que, antes das cotas (2005-2007), o percentual de negros na UFSC era bem menor do que em Santa Catarina. A partir de 2008, ele aumenta e, com oscilações, acompanha o percentual de negros no estado, ressaltando que esse último percentual teve cerca de 50% de aumento do período 2005-2007 para o período 2018-2020. As oscilações podem ter várias explicações, que serão exploradas em outro artigo. De todo modo, mais pessoas passaram a se autodeclarar pretas/pardas em Santa Catarina, e o ingresso na UFSC acompanhou esse aumento de população negra, configurando igualdade racial no ingresso de 2008-2020. Outro ponto crucial a se destacar é que em 2008 e em 2016 há picos de ingresso de negros na UFSC. O ano 2008 marca o início das cotas para negros (10%) e, em 2016, dá-se a implantação completa da Lei de Cotas (20% para pretos/pardos). Conclui-se que as cotas foram cruciais para aumentar o ingresso de negros na UFSC.

Outro indicador de avaliação da eficácia da Lei de Cotas é a relação entre o percentual de negros no conjunto dos estudantes da UFSC e na população de Santa Catarina.

Conforme o Gráfico 44, notamos que a partir de 2014 a linha cinza, que representa o percentual de habitantes negros de Santa Catarina, fica próxima da linha preta, que representa o percentual de negros no corpo discente da UFSC. Pode-se verificar que, a partir desse ano, a igualdade racial se propaga dos ingressantes para o conjunto dos estudantes matriculados, com pequena oscilação no período 2017-2019.

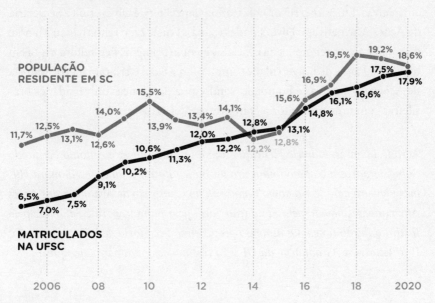

Gráfico 44 – Percentual de pessoas negras
(entre matriculados na UFSC e na população de Santa Catarina)

Fonte: UFSC (Universidade Federal de Santa Catarina), Censo 2010 e Pnad (Pesquisa Nacional por Amostra de Domicílios) do IBGE (Instituto Brasileiro de Geografia e Estatística).

Há, portanto, um intervalo de 2008, início do ingresso com igualdade racial, até 2014, quando o corpo discente atinge igualdade racial (sete anos). Não é pouca coisa num país notoriamente discriminatório contra negros e num estado com grande maioria branca (entre 90 e 80% no período de 2007 a 2020).

A UFSC tem igualdade racial na graduação no período 2014-2020, e provavelmente até o presente, faltando computar os dados desde 2021. No entanto, se forem retiradas as cotas para negros, já foi indicado por estudo específico de 2012 que o percentual de negros entre o estudantado vai cair brutalmente. Logo, mesmo um período relativamente longo de igualdade racial (nove anos) não deve levar à extinção da política afirmativa. É ela que garante a igualdade racial.

Um último indicador, que ficará para outro artigo, diz respeito à eficácia das cotas para a formação de profissionais negros. Como um aperitivo, podemos relatar que, no período 2008-2012, formaram-se 14 médicos negros, e, no período 2017-2021, formaram-se 105. Percentualmente, houve um aumento de 3% para cerca de 23% de negros entre os formados em Medicina na UFSC. Isso representa igualdade racial na formatura de Medicina no estado de Santa Catarina, no período 2017-2021.

Uma observação final: a UFSC tem compromisso com a gestão das ações afirmativas. Em 2016 o reitor Luiz Carlos Cancellier de Olivo criou a Secretaria de Ações Afirmativas e Diversidades (Saad). Em 2022, o reitor Irineu Manoel de Souza e a vice-reitora Joana Célia dos Passos (primeira vice-reitora negra em mais de 60 anos de universidade) ampliaram a Saad e criaram a Pró-Reitoria de Ações Afirmativas e Equidade, sendo uma das poucas universidades brasileiras com uma pró-reitoria com esse caráter transversal.

Agradecimentos: Marcelo Henrique Romano Tragtenberg e Antonio Fernando Boing agradecem o apoio financeiro do Banco Itaú Unibanco, e Thamara Hübler Figueiró agradece o apoio financeiro do Consórcio de Avaliação das Ações Afirmativas, apoiado pela Fundação Ford, pela Fundação Tide Setubal e pelo Instituto Ibirapitanga. Os autores agradecem à Secretaria de Planejamento e à Pró-Reitoria de Graduação da UFSC a cessão dos dados para a pesquisa.

PARTE V

Desempenho, permanência e evasão dos estudantes

Evasão de cotistas e não cotistas nas universidades federais[1]

Melina Klitzke
Rosana Heringer

Nas últimas décadas, a educação superior brasileira passou por transformações que, entre outros aspectos, envolveram a implementação de programas e políticas que visam expandir e democratizar o seu acesso. Uma dessas iniciativas foi a Lei n.º 12.711/2012, conhecida como Lei de Cotas, que completou 10 anos em 29 de agosto de 2022, e diversos pesquisadores se mobilizaram para realizar a avaliação dos seus resultados na educação superior brasileira.

O Laboratório de Estudos e Pesquisas em Educação Superior da Faculdade de Educação da Universidade Federal do Rio de Janeiro (Lepes/FE/UFRJ) e a Ação Educativa desenvolveram, entre 2021 e 2022, a pesquisa "Avaliação das políticas de ação afirmativa no ensino superior no Brasil: resultados e desafios futuros", que teve como objetivo contribuir para avaliar os resultados da política de cotas implementada desde 2012. Nossa preocupação foi sistematizar informações a partir de diferentes fontes, documentar e analisar como a Lei de Cotas contribuiu para "mudar a cara" das universidades federais brasileiras nesses 10 anos. Para isso, reunimos uma equipe de dezenas de pesquisadores brasileiros, de todas as regiões do país, que se dedicaram ao longo de 15 meses a recolher e sistematizar esses dados. Produzimos um panorama abrangente e diversificado sobre como a Lei de Cotas afetou o perfil dos estudantes das universidades federais e a própria universidade de diferentes formas.

---

[1] Originalmente publicado em: https://pp.nexojornal.com.br/opiniao/2023/01/27/evasao-de-cotistas-e-nao-cotistas-nas-universidades-federais-brasileiras.

Para além do acesso, a avaliação da política de cotas também depende da garantia de condições de permanência dos estudantes que possibilitem trajetórias de sucesso dentro do ambiente universitário. Uma forma de verificar isso é documentar o percurso dos estudantes e calcular se as taxas de evasão e conclusão dos alunos que entram via política de reserva de vagas são parecidas com as de estudantes que entram na concorrência geral.

Um dos aspectos analisados neste estudo foi o fluxo dos estudantes cotistas e não cotistas no ensino superior. Construímos um indicador que apresenta as taxas de evasão no primeiro e no segundo ano dos cursos de graduação das universidades federais brasileiras. Para a construção dos indicadores, utilizamos os microdados do Censo da Educação Superior, que continha um número de identificação dos alunos ao longo do tempo a partir de 2010 até 2017. Esse indicador permite a construção da trajetória dos estudantes nos cursos. As gerações de estudantes acompanhadas foram as que ingressaram de 2010 a 2013. É importante observar, portanto, que essas gerações incluem estudantes que ingressaram tanto antes quanto depois da vigência da Lei de Cotas. De qualquer modo, os dados referentes a 2010, 2011 e 2012 incluem estudantes que já haviam entrado por algum tipo de reserva de vagas, antes mesmo da lei, implementada a partir de 2013.

É importante salientar que o conceito de evasão utilizado foi o do próprio Inep, caracterizado pela desistência do curso, que corresponde aos estudantes que encerram seu vínculo com o curso de ingresso em um determinado ano de referência, seja por meio da desvinculação, seja por meio da transferência para outro curso.

Os resultados apresentados a seguir se referem à taxa de evasão nos dois primeiros anos dos estudantes nos cursos calculada da seguinte forma: percentual do número de estudantes que desistiram do curso "j" nos dois primeiros anos do curso "j" em relação ao número de ingressantes do curso "j" no ano "T", subtraindo-se o número de estudantes falecidos do curso "j" do ano "T" (ano de ingresso) até o ano "t" (último ano do acompanhamento do estudante).

O Gráfico 45 mostra a taxa de evasão nos dois primeiros anos nos cursos presenciais das universidades federais brasileiras, para as gerações de estudantes que ingressaram em 2010, 2011, 2012 e 2013. Mostramos os resultados para evasão acumulada até o segundo ano do curso. Os dados agregados para o Brasil revelam, em todas as gerações, que os estudantes cotistas (com reserva) apresentaram taxas menores de evasão de curso.

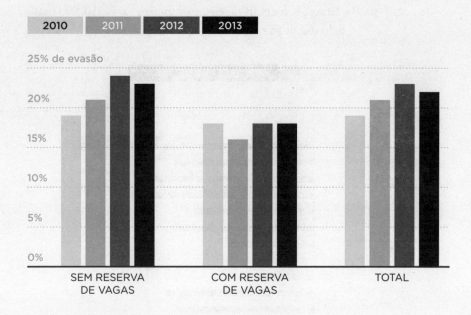

Gráfico 45 – Taxa de evasão acumulada até o segundo ano de curso (nas instituições federais de ensino superior do Brasil, por ano de ingresso)

Fonte: Censo da Educação Superior, Inep (Instituto Nacional de Estudos e Pesquisas Educacionais Anísio Teixeira).

O Gráfico 46 mostra as taxas de evasão até o segundo ano em cursos selecionados. Os cursos de Engenharia Civil e Engenharia Elétrica apresentaram uma tendência parecida em todas as gerações analisadas: a intensidade da evasão entre os cotistas (com reserva) é igual ou menor à entre os não cotistas (sem reserva). Outra tendência percebida foi nos cursos de Arquitetura e Urbanismo, Economia, Medicina, Medicina Veterinária, Pedagogia e Zootecnia nas gerações de ingressantes em 2011, 2012 e 2013: os cotistas também apresentaram taxas de evasão menores. No curso de Engenharia Mecânica, para as coortes de 2010, 2011 e 2012, os estudantes cotistas apresentaram taxas de evasão menores. No caso do curso de Odontologia, apenas nas coortes de 2011 e 2013 é que os cotistas tiveram as menores taxas; já em Relações Internacionais, foram as gerações de 2010 e 2013. No curso de Química, os estudantes que ingressaram com reserva de vaga (cotistas) apresentaram maior intensidade de evasão até o segundo ano do curso nas gerações de 2010 e 2011, se comparado com a intensidade da evasão entre os não cotistas (sem reserva).

Gráfico 46 – Taxa de evasão acumulada até o segundo ano de curso (nas instituições federais de ensino superior do Brasil, ordenado pelo maior valor de com reserva de vagas)

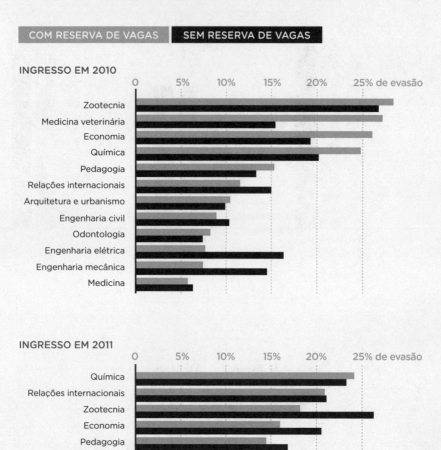

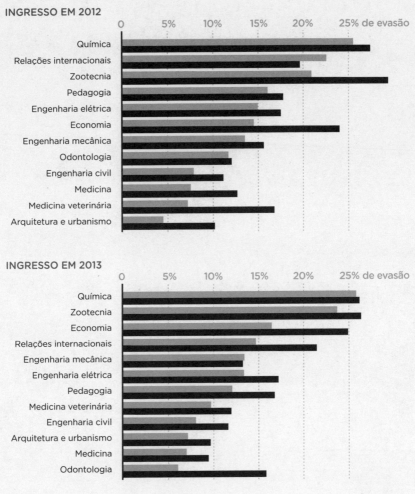

Fonte: Censo da Educação Superior, Inep (Instituto Nacional de Estudos e Pesquisas Educacionais Anísio Teixeira).

Nesta pesquisa foi possível acompanhar apenas a primeira geração que entrou no sistema de ensino superior federal pela Lei de Cotas em 2013. Em resumo, observamos que em cursos variados, após a implementação da lei, as taxas de evasão entre ingressantes cotistas são menores ou igualmente próximas das taxas de evasão de estudantes que ingressaram sem reserva de vagas.

Esses resultados corroboram pesquisas anteriores que sinalizavam que, embora venham de situações socioeconômicas relativamente menos privilegiadas, os estudantes cotistas têm resultados educacionais muito parecidos aos dos alunos não cotistas. Esse é um forte sinal de que os estudantes cotistas reconhecem e valorizam as oportunidades que alcançam.

O desempenho dos cotistas da UFBA[1]

Caio Vinicius dos Santos Silva

Ainda no início dos anos 2000, diversos coletivos sociais e negros pressionaram universidades brasileiras a adotarem, em seus sistemas de seleção, reservas de vagas para estudantes negros e egressos de escolas públicas. Em 2005, a UFBA implantou a cota de 45% das suas vagas para negros e indígenas oriundos do ensino médio público. Uma política nacional nessa perspectiva foi aprovada apenas em 2012, por meio da Lei n.º 12.711/2012, que determinou a reserva de 50% das vagas em instituições federais de ensino superior (Ifes) para os públicos mencionados anteriormente, sendo estendidos também para estudantes pertencentes a famílias de baixa renda.

Considerando a relevância social da UFBA para a população baiana, predominantemente negra e única do país a apresentar maior número de auto-declarados pretos do que brancos – 22,5% e 18,7%, nesta ordem –, cabem-nos algumas indagações: qual o perfil do estudante da UFBA? Há diferenças entre o desempenho dos cotistas e dos não cotistas? De início, sabemos que a população negra é o público-alvo das ações afirmativas. Agora, garantido o acesso, o que nos instiga é verificar como se apresenta o desempenho dos cotistas na universidade.

Os cursos de graduação da UFBA são distribuídos em cinco áreas de conhecimento, a saber: área 1 – ciências físicas, matemática e tecnologia; área 2 – ciências biológicas e profissões da saúde; área 3 – filosofia e ciências humanas; área 4 – letras; e área 5 – artes. A partir do primeiro semestre de 2014, o tradicional vestibular – que servia como principal porta de acesso aos cursos

---

[1] Originalmente publicado em: https://pp.nexojornal.com.br/opiniao/2022/11/10/cotistas-na-ufba-o-que-revela-o-desempenho-academico.

universitários – foi substituído pelo Enem. Isto é, a seleção dos estudantes, a partir de então, é condicionada às pontuações obtidas nesse exame.

Encontradas as maiores diferenças de desempenho, lançamos um olhar mais detalhado para a área 1 da UFBA. Entre 2014 e 2019, foram matriculados 6.821 estudantes nessa área. Destes, 3.034 (44,5%) são cotistas, e 3.787 (55,5%) são não cotistas. Em relação ao perfil estudantil, observamos uma presença majoritária de alunos homens, como evidencia o Gráfico 47 a seguir.

Gráfico 47 – Gênero e modalidade de entrada dos alunos da área 1 da UFBA (ingressantes entre 2014 e 2019)

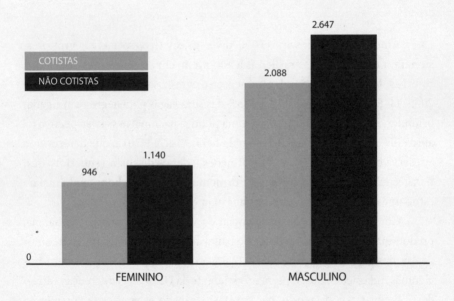

Fonte: Superintendência de Tecnologia da Informação da UFBA (Universidade Federal da Bahia).

Em relação ao sexo, há pouca disparidade entre cotistas e não cotistas. Nos dois grupos, as mulheres ocupam cerca de um terço do conjunto de estudantes. As principais diferenças surgem quando analisamos a origem étnico-racial do alunado, como evidencia o Gráfico 48 a seguir. Entre os não cotistas, brancos são maioria, contemplando quase metade desses estudantes. Em seguida, para os sem cotas, estão pardos e os pretos. No universo dos cotistas, temos uma maior quantidade de autodeclarados pardos, seguido por pretos, e em terceiro lugar estão os brancos.

Gráfico 48 – Raça/cor e modalidade de entrada dos alunos da área 1 da UFBA (ingressantes entre 2014 e 2019)

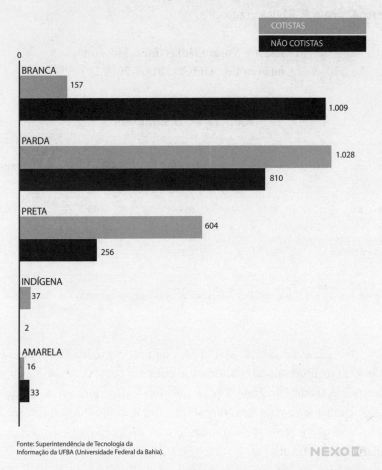

Fonte: Superintendência de Tecnologia da Informação da UFBA (Universidade Federal da Bahia).

O Gráfico 48 também evidencia que pardos, pretos e indígenas ingressam na UFBA em cursos das ciências exatas, sobretudo, através das cotas. Levando em consideração que esses são o público-alvo da política, tem-se uma efetivação no que se refere ao ingresso de pretos, pardos e indígenas na universidade, resultando na ampliação da diversidade entre estudantes da instituição.

Contrastando as notas de ingresso das duas categorias estudantis (cotistas e não cotistas) da área 1, no período do primeiro semestre de 2014 ao segundo semestre de 2019, verificamos que, em média, não cotistas possuem cerca de 59 pontos a mais do que os cotistas. Para compreender o desempenho acadêmico, analisamos as pontuações estudantis em dois momentos: no ingresso ao curso (notas no Enem) e ao final do curso, por meio do coeficiente de rendimento (CR) dos graduados.

Tabela 4 – Notas médias dos ingressantes na área 1 da UFBA (2014.1-2019.2)

ÁREA I – NOTAS INICIAIS

	N	Média	Desvio padrão	P-valor
Cotistas	3034	651,4	43,10	0,00
Não cotistas	3787	710,2	42,67	

Fonte: Elaborada pelo autor, a partir dos dados reunidos pela Superintendência de Tecnologia da Informação/UFBA.

As análises descritivas acerca das pontuações médias já nos permitem identificar melhores notas para os estudantes não cotistas. Ainda assim, submetemos as médias do Teste-T para amostras independentes,[2] e o resultado obtido confirmou a primeira constatação. Isto é, os não cotistas da área 1 da UFBA acessam os cursos de graduação com notas médias estatisticamente superiores aos cotistas.

Todavia, de certo modo, essa circunstância é previsível e esperada. Como destacam Guimarães, Costa e Almeida Filho (2011), são os cotistas que se encontram no contexto de maior vulnerabilidade socioeconômica, acumulando desvantagens na formação escolar que se expressam no desempenho acadêmico para o acesso às universidades.

Reconhecidas as desvantagens dos cotistas nas pontuações para ingresso – por uma série de fatores que ultrapassam este texto, mas que também merecem atenção e análise –, resta conhecer o desempenho acadêmico após

---

[2] O Teste-T compara as médias e possui intervalo de confiança de 95%. Quando o p-valor é menor do que 0,05 as notas apresentam diferença estatisticamente significativa. Quando o p-valor é maior que 0,05, rejeita-se a primeira hipótese.

o contato dos estudantes com os conteúdos do ensino superior. Para tanto, selecionamos apenas os estudantes graduados para essa etapa, uma vez que estes integralizaram as matrizes curriculares dos seus cursos. Os resultados são animadores, como evidencia a Tabela 5.

Tabela 5 – Notas médias dos graduados na área 1 da UFBA (2014.1-2019.2)

ÁREA I – NOTAS FINAIS - CR

	N	Média	Desvio padrão	P-valor
Cotistas	80	7,4	0,77	0,390
Não cotistas	195	7,5	0,92	

Fonte: Elaborada pelo autor, a partir dos dados reunidos pela Superintendência de Tecnologia da Informação/UFBA.

Com a análise descritiva acerca das pontuações médias do CR dos graduados, já é possível identificar que as notas entre cotistas e não cotistas estão muito próximas. A diferença no coeficiente de rendimento de 0,1 ponto não tem relevância estatística como um fator que possa interferir na investigação sobre o desempenho acadêmico. Todavia, novamente, submetemos as médias ao Teste-T. O resultado, expressado pelo p-valor, não deixa dúvidas: cotistas e não cotistas da área 1 da UFBA encerram os cursos de graduação com notas médias que não acusam qualquer diferença significativa. Em outras palavras, verificamos que as diferenças nas pontuações apresentadas no momento de ingresso são eliminadas no decorrer dos cursos superiores da área 1, após a integralização das matrizes curriculares.

Diante do exposto, podemos considerar que a reserva de vagas na UFBA tem trazido contribuições indispensáveis para a sociedade e para a academia. A análise sobre as cotas na UFBA permite demonstrar que estas são bem-sucedidas em efetivar o ingresso da população negra na universidade, ocupando espaços de produção de conhecimento. Outro aspecto importante sobre as cotas é como a academia, historicamente branca e elitista, vê-se forçada a repensar os seus currículos e a incorporar a diversidade em suas práticas. Esse movimento integra o caminhar para a tão esperada justiça social.

Referências

Guimarães, Antônio Sérgio Almeida; Costa, Lilia Carolina; Almeida Filho, Naomar de. Inclusão social e rendimento escolar: o caso da UFBA. *In:* Encontro Anual da Anpocs, 35, 2011, Caxambu. *Anais...* Caxambu: Anpocs, 2011.

Instituto Brasileiro de Geografia e Estatística (IBGE). População residente, por sexo e cor ou raça. *In: Pesquisa Nacional por Amostra de Domicílios Contínua (2012-2019).* 2020. Disponível em: https://www.ibge.gov.br/estatisticas/sociais/populacao/9171-pesquisa-nacional-por-amostra-de-domicilios-continua-mensal.html?edicao=31805&t=downloads. Acesso em: 20 ago. 2022.

Moehlecke, Sabrina. Ação afirmativa: história e debates no Brasil. *Cadernos de Pesquisa*, n. 117, p. 197-217, nov. 2002. Disponível em: https://publicacoes.fcc.org.br/cp/article/view/550. Acesso em: 17 mar. 2025.

O desempenho dos cotistas da UFMG[1]

Ana Paula Karruz
Flora de Paula Maia

Um dos argumentos contrários às cotas na graduação conjecturava uma diminuição da qualidade do ensino superior em decorrência da admissão de indivíduos menos preparados academicamente (Campos, 2014). Dados obtidos pelo GEES com informações do registro acadêmico da UFMG, frequentada por mais de 34 mil graduandos, permitem examinar essa hipótese. De fato, há diferenças de pontuação no Enem quando comparamos as notas de cotistas e não cotistas na UFMG. Entretanto, resta questionar o quanto essas diferenças são significativas e, sobretudo, se elas se traduzem em desempenhos desiguais no decorrer da trajetória dos alunos na universidade.

Desde o processo seletivo para ingresso no início de 2014, quando a UFMG aderiu ao Sisu, mais de 80% dos admitidos para cursos presenciais têm sido selecionados com base exclusivamente em sua pontuação no Enem (média simples das cinco provas desse exame). Como mostra o Gráfico 49, a pontuação no Enem de ingressantes pelas cotas tende a ser mais baixa que a dos ingressantes pela ampla concorrência. Essencialmente, quanto mais alta a densidade exibida nesse gráfico (altura de uma distribuição), mais ingressantes pontuaram numa dada região de valores. Chega-se à conclusão, então, de que uma maior proporção de ingressantes pela ampla concorrência obteve pontuações mais altas (em relação às distribuições de cotistas, identificadas pelas siglas M1 a M4).

---

[1] Originalmente publicado em: https://pp.nexojornal.com.br/opiniao/2022/04/01/notas-de-cotistas-e-nao-cotistas-da-ufmg-sao-menos-desiguais-que-pontuacao-no-enem.

Gráfico 49 – Distribuição da pontuação no Enem de ingressantes na UFMG (admitidos entre o 1º sem. de 2016 e o 2º sem. de 2020, por modalidade de entrada)

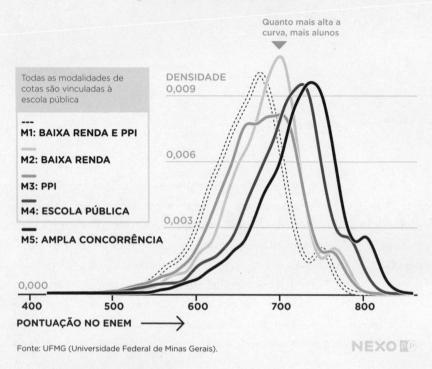

Fonte: UFMG (Universidade Federal de Minas Gerais).

Analisamos o intervalo de 2016 a 2020, correspondente aos cinco primeiros anos desde a implementação completa das cotas na UFMG. Nesse período, o Enem médio entre ingressantes pela ampla concorrência foi de 723; essa pontuação foi 62 pontos menor na modalidade M1 (escola pública, baixa renda e preto, pardo ou indígena) e 19 pontos menor na modalidade M4 (escola pública, independentemente da condição de renda ou raça), em média. Na M1 encontram-se as maiores diferenças em relação à ampla concorrência, e na M4, as menores – padrão verificado também em análises adicionais que comparam ingressantes de um mesmo curso.

    Note-se que as modalidades de cota recepcionam públicos efetivamente distintos. Por exemplo, a pontuação no Enem de ingressantes por M4 é próxima à da ampla concorrência. Já os ingressantes pelas cotas PPI – isto é, M1 e M3 (escola pública e preto, pardo ou indígena) – parecem ter enfrentado maiores obstáculos em sua trajetória escolar que os demais cotistas; de fato, há vasta evidência sobre desigualdades raciais na educação básica pública (por exemplo, Paixão; Rossetto; Carvano, 2011; Alves; Ferrão, 2019). Essas disparidades iniciais entre cotistas PPI e não PPI têm uma implicação contundente: as subcotas por cor/raça alcançam um grupo que dificilmente acessaria a UFMG na ausência de ação afirmativa de cunho racial.

No entanto, as desigualdades iniciais no Enem não se reproduzem integralmente em diferenças de rendimento na graduação. Para representar rendimento, utilizamos a nota semestral global (NSG). Ela equivale à média das notas obtidas em atividades acadêmicas curriculares (tipicamente, disciplinas) ponderadas pelo número de créditos de cada atividade. Para cada semestre letivo, é calculada uma NSG por estudante, na escala de 0 a 100. Assim como a pontuação no Enem, a NSG tende a ser mais baixa nas modalidades de reserva; todavia, as diferenças de NSG são bem mais sutis (*vide* Gráfico 50). A NSG média dos ingressantes pela M1 é 75, apenas quatro pontos menor que a NSG média dos admitidos pela ampla concorrência (79); na M4, essa diferença de médias é desprezível (-0,26).

Gráfico 50 – Distribuição da NSG de graduandos na UFMG matriculados entre o 1º sem. de 2016 e o 2º sem. de 2020, por modalidade de entrada (considera apenas admitidos neste mesmo período)

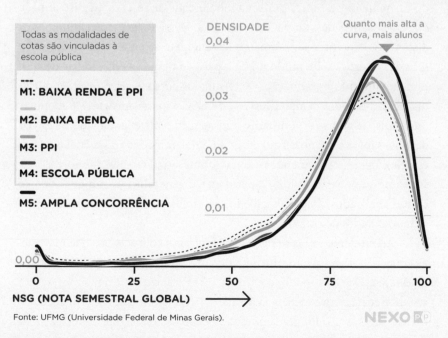

Fonte: UFMG (Universidade Federal de Minas Gerais).

Análises econométricas complementares confirmam que o rendimento acadêmico de cotistas e não cotistas é próximo na maior parte dos cursos. Nas ciências exatas e tecnológicas, contudo, as notas se distanciam mais: a NSG média em M1 (65) é nove pontos menor que na ampla concorrência (74). Além disso, analisando a permanência, somente nessa área encontramos uma maior probabilidade de evasão da universidade para cotistas em relação a não cotistas – o que levanta a questão de como apoiar ingressantes cuja formação seja mais frágil em certos conteúdos do ensino médio (por exemplo, os necessários para um bom desempenho em Cálculo).

Além da inspeção visual dos gráficos, que nesse caso é bastante informativa, uma forma de apreender a diferença entre as distribuições de Enem e NSG é calcular o que se chama de EMD (*earth mover's distance*, na sigla em inglês), uma medida de dissimilaridade entre duas distribuições (Lupu; Selios; Warner, 2017). Imaginemos que cada distribuição de interesse (digamos, distribuições A e B) seja um monte de terra; a EMD calcula o esforço mínimo necessário para transformar o monte A no monte B. O esforço corresponde à quantidade de terra do monte A a ser movida vezes a distância pela qual essa terra será movida.

Aqui, interessa o exercício de calcular a EMD entre a distribuição do Enem de ingressantes por uma modalidade de reserva e a distribuição dos ingressantes pela ampla concorrência. Dessa forma, determinamos as distâncias de preparo acadêmico inicial. Repete-se então o procedimento, mas dessa vez considerando a NSG, para computar as distâncias de rendimento durante a graduação. Os resultados curso a curso revelam que as disparidades (por exemplo, EMDs) de NSG são em média 41% menores que as disparidades de pontuação no Enem. Nas ciências da vida, as EMDs de NSG são 42% menores que as de Enem, em média; nas ciências exatas e tecnológicas, 30% menores; e nas humanidades, 48% menores. Vale salientar que a redução de disparidades é generalizada: em 69% dos 86 cursos analisados, as EMDs de NSG são inferiores às do Enem em todas as modalidades de cota.

Admitidamente, as desigualdades sociais e educacionais que motivam as cotas não se resolvem unicamente com um desempenho exemplar na graduação. De todo modo, o caso da UFMG, instituição reconhecida por sua excelência, provê evidência de que cotistas têm rendimento próximo ao de não cotistas. Ao longo da graduação, cotistas estão superando parte da desvantagem em preparo acadêmico com a qual chegaram à universidade.

Compreender como isso acontece é certamente uma tarefa importante na agenda de pesquisa sobre impactos das cotas.

Referências

Alves, Maria Teresa Gonzaga; Ferrão, Maria Eugénia. Uma década da Prova Brasil: evolução do desempenho e da aprovação. *Estudos em Avaliação Educacional*, v. 30, n. 75, p. 688-720, 2019.

Campos, Luiz Augusto. A identificação de enquadramentos através da análise de correspondências: um modelo analítico aplicado à controvérsia das ações afirmativas raciais na imprensa. *Opinião Pública*, v. 20, n. 3, p. 377-406, 2014.

Lupu, Noam; Selios, Lucía; Warner, Zach. A New Measure of Congruence: The Earth Mover's Distance. *Political Analysis*, v. 25, n. 1, p. 95-113, 2017.

Paixão, Marcelo; Rossetto, Irene; Carvano, Luiz Marcelo. Desigualdades de cor ou raça no sistema de ensino brasileiro. *In*: Del Popolo, Fabiana *et al.* (coord.). *Pueblos indígenas y afrodescendientes en América Latina: dinámicas poblacionales diversas y desafíos comunes*. Rio de Janeiro: ALAP Editor, 2011. p. 177-202. (Serie Investigaciones, 12).

O desempenho dos cotistas da UFSC[1]

Marcelo Henrique Romano Tragtenberg
Marcelo Eduardo Borges
Antonio Fernando Boing

As cotas raciais e sociais, implementadas para ingresso de estudantes nas universidades brasileiras a partir do início dos anos 2000, ampliaram, em particular nas federais, a diversidade mediante o aumento de estudantes de escolas públicas e negros.

O acompanhamento dessa política pública que transformou e democratizou – do ponto de vista socioeconômico e racial – o acesso ao ensino superior é fundamental. A contínua análise de diferentes indicadores permite avaliar seus resultados com vistas ao seu aperfeiçoamento.

Uma das dimensões essenciais para o acompanhamento e a avaliação das cotas é a evolução do desempenho dos estudantes durante a graduação.

Em 2008, a UFSC já havia implantado 10% de cotas para negros (preferencialmente egressos do ensino fundamental e médio públicos) e 20% para egressos do ensino fundamental e médio de escolas públicas, cinco anos antes da vigência da Lei de Cotas (Lei n.º 12.711/2012), em 2013. Neste artigo, esses dois períodos (antes e depois da vigência da Lei de Cotas) serão analisados separadamente.

Um dos pontos mais discutidos em relação à adoção de cotas para ingresso no ensino superior é a qualidade da formação dos egressos. As diferenças observadas em alguns contextos entre grupos de ingressantes com e sem cota em relação aos pontos de corte dos vestibulares têm servido de base

---

[1] Originalmente publicado em: https://pp.nexojornal.com.br/opiniao/2023/08/10/desempenho-dos-cotistas-na-ufsc-uma-politica-de-sucesso-academico.

para extrapolações de que haveria diferença expressiva de aproveitamento ao longo do curso e também quando da formatura. Buscando lançar luz sobre esse aspecto, o objetivo deste estudo foi acompanhar o progresso nas notas de beneficiários e não beneficiários de cotas durante o primeiro e o durante o último ano de curso em dois momentos: antes da Lei de Cotas (2008-2012) e após ela (2013-2015).

Os ingressantes de 2013 a 2015 não necessariamente concluíram o período de formação, uma vez que os dados disponíveis vão somente até 2021. Além disso, a UFSC implantou, de 2013 a 2016, a Lei de Cotas gradativamente, representando apenas uma amostra inicial do desempenho. A formação completa dos ingressantes de um dado ano se dá em cerca de 10 anos.

O desempenho de cada grupo foi medido pela mediana das notas dos estudantes, no primeiro e no último ano do curso de graduação.

O Gráfico 51, a seguir, mostra, para o primeiro e para o último ano de curso, a distribuição das médias das notas dos estudantes de todos os cursos, que ingressaram no período de 2008 a 2012 na UFSC. Os dados estão categorizados conforme a modalidade de ingresso: classificação geral, cotas de escola pública e cotas para negros. As linhas horizontais no meio das caixas denotam a mediana das notas médias, ou seja, há 50% dos estudantes acima e abaixo delas. Essas medianas denotam o comportamento médio de cada grupo e será nossa referência de análise.

Verificamos que a mediana das notas no primeiro ano de ingressantes pela classificação geral e pelas cotas de escolas públicas são semelhantes e discretamente acima da mediana das notas dos cotistas negros.

No entanto, as medianas das três categorias aumentam no último ano de curso e tendem a se tornar idênticas. Ou seja, não há diferença nas medianas de notas de formandos que ingressaram por meio de cotas e pelo ingresso geral. Isso indica que, ao longo da graduação, o aumento das notas dos cotistas negros é maior que o aumento das notas dos cotistas de escolas públicas e dos alunos da classificação geral. Ou seja, se há diferença nas notas de ingresso no vestibular, ela não se mantém durante o curso. Uma análise por curso é importante para avaliar mais profundamente esse efeito.

Gráfico 51 – Distribuição da nota de estudantes da UFSC no primeiro e no último ano de curso (por modalidade de ingresso, no período 2008-2012)

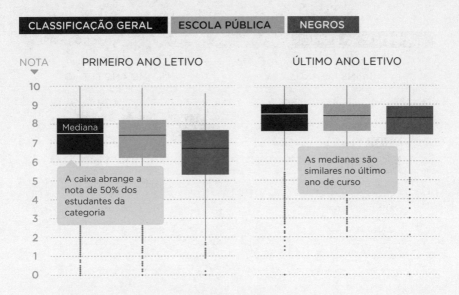

Fonte: Secretaria de Planejamento e Pró-Reitoria de Graduação da UFSC (Universidade Federal de Santa Catarina).

Os ingressantes no período 2013-2015 apresentam resultado semelhante, mas aqui temos quatro grupos de interesse: classificação geral, cotistas de escola pública de baixa renda, cotistas de escola pública de maior renda e cotistas negros/PPIs (da cota de 10% de negros preferencialmente de ensino médio público e pretos/pardos/indígenas com ensino médio público, respectivamente).

No primeiro ano, tanto os cotistas de escola pública e de baixa renda quanto os cotistas negros/PPIs apresentaram medianas ligeiramente menores do que a classificação geral e os cotistas de escola pública e de maior renda, e a mediana dos negros/PPIs é um pouco mais baixa.

No último ano, no entanto, as medianas se equiparam, mostrando que os cotistas de escola pública e de baixa renda e os cotistas negros/PPIs "correram atrás do prejuízo" e tiveram as mesmas distribuições de notas médias que as outras categorias.

Gráfico 52 – Distribuição da nota de estudantes da UFSC no primeiro e no último ano de curso (por modalidade de ingresso, no período 2012-2015)

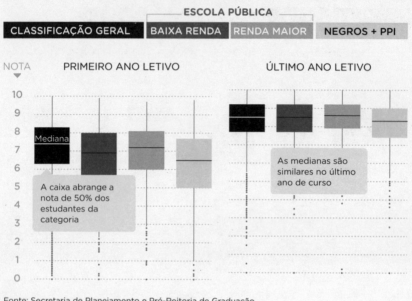

Fonte: Secretaria de Planejamento e Pró-Reitoria de Graduação da UFSC (Universidade Federal de Santa Catarina).

Isso indica fortemente que, ao ser dada oportunidade de estudo superior aos negros e àqueles de menor renda, a melhora no seu desempenho é maior que a dos outros grupos, chegando a se equiparar a eles. Em poucas palavras, falta oportunidade, não competência.

Esses resultados questionam seriamente a ideologia da meritocracia numa sociedade desigual como a nossa. Quem chega ao ensino superior não é por mérito, mas por oportunidade concedida de forma desigual tanto socioeconômica quanto racialmente. As políticas afirmativas de recorte socioeconômico e racial tendem a reparar parcialmente essas injustiças sociais.

Os cotistas da UFRJ evadem mais que os não cotistas?[1]

Felícia Picanço
Marianna Assis
Daniela Santa Izabel
Vivian Nascimento
Gustavo Bruno de Paula

Diferentes dados evidenciam que a Lei n.º 12.711/2012 (Lei de Cotas) mudou o perfil econômico e racial das universidades federais brasileiras. Mas, como sabemos, o ingresso é apenas o primeiro passo de quem aposta num curso de graduação. A ele se segue o desafio da permanência na universidade, do rendimento acadêmico, da conclusão e, finalmente, da inserção no mercado de trabalho. Para os estudantes, por diferentes motivos, interromper temporariamente ou desistir do curso, da instituição ou do ensino superior é uma opção recorrente. Opção essa que ronda, também, os novos públicos universitários incluídos nos últimos anos. Este texto apresenta algumas contribuições para a discussão da desistência de curso na UFRJ, uma das maiores e mais seletivas universidades do Brasil.

A desistência é aqui chamada de evasão e é um fenômeno recorrente no sistema de ensino superior de diversos países que mobiliza pesquisadores desde os anos 1970. Sua mensuração e sua análise exigem inicialmente três operações de diferentes naturezas: conceitual, analítica e metodológica. Conceitualmente, cabe definir sobre qual evasão estamos falando: temporária ou definitiva e se é do curso, da instituição ou do sistema. Analiticamente, temos de reconhecer seu caráter multicausal e multifatorial, o que implica assumir o vasto conjunto de motivações que levam à desistência (preferências por outro curso/instituição, mudanças de expectativas profissionais, dificuldades acadêmicas, questões de saúde física e mental, entre outras) e fatores institucionais (curso, turno, políticas de apoio à permanência, acesso a bolsa de pesquisa

---

[1] Originalmente publicado em: https://pp.nexojornal.com.br/opiniao/2022/05/04/os-cotistas-evadem-mais-da-universidade-alguns-indicadores-da-ufrj.

etc.) e socioeconômicos (origem social, renda, local de moradia, conjugalidade, parentalidade etc.) que impactam na evasão. Metodologicamente, é necessário enfrentar o desafio do acesso aos dados das universidades e dos microdados do Enem, do Censo do Ensino Superior e do Enade, do MEC, bem como da restrição ao procedimento de integração das bases, procedimento que permitiria acompanhar a trajetória dos evadidos.

Os dados aqui utilizados foram fornecidos pela UFRJ e são compostos pela situação de matrícula do estudante em fevereiro de 2021 no curso de ingresso, somados às variáveis sobre as características socioeconômicas dos estudantes.

É importante fazer cinco apontamentos sobre as escolhas feitas para esta análise.

Primeiro, foram classificados como "evadidos" os ingressantes que estavam com a matrícula cancelada a pedido ou por abandono. Logo, definimos aqui "evasão" como o cancelamento da matrícula no curso de ingresso, mas não acompanhamos se o estudante ingressou em outro curso dentro ou fora da UFRJ. A situação de matrícula ficou categorizada em quatro situações: cursando, graduado (conclusão), evadido e trancado.

Segundo, a unidade de análise é o estudante matriculado em um curso em cada ano, por exemplo, se o aluno ingressou em 2012, evadiu do curso em 2013 e, em 2014, ingressou em outro curso na própria UFRJ com outra matrícula e concluiu o novo curso, ele é contado como ingressante de 2012 evadido, e é contado como ingressante do ano de 2014 graduado.

Terceiro, em 2012, ao implantar a Lei n.º 12.711/2012 para o ingresso de 2013, a UFRJ revogou a Resolução Consuni n.º 14/2011, que designava 30% das vagas para egressos de escola pública com renda de até um salário mínimo e meio, e formulou a Resolução Consuni n.º 18/2012, que designava 30% das vagas para os egressos de escola pública com as devidas subdivisões de renda e percentual de pretos, pardos e indígenas – para 2014, o percentual seria ampliado para 50%.

Quarto, embora a literatura aponte que os dois primeiros anos são aqueles mais propensos à evasão, o atraso ou a retenção dos estudantes marca, também, o ensino superior brasileiro. Ainda que a maioria dos cursos tenha quatro anos de duração, no quinto ano, a maior parte dos estudantes está cursando disciplinas, por isso a opção é apresentar os dados dos ingressantes dos anos 2012, 2013 e 2014.

Entre os ingressantes de 2012, 41,7% tinham evadido do curso, e esse percentual sofreu pequenas reduções nos dois anos subsequentes. Isso nos permite dizer que, no contexto da adoção da Lei de Cotas, não houve alteração significativa na evasão de curso na UFRJ.

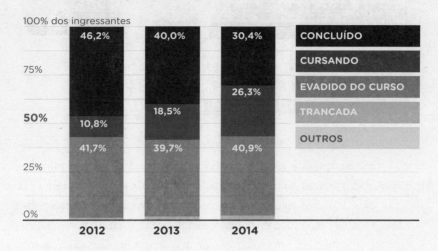

Gráfico 53 – Porcentagem de ingressantes por situação de matrícula na UFRJ (de 2012 a 2014)

Fonte: Elaboração dos autores, dados institucionais da UFRJ.

Como as cotas favoreceram a entrada de negros e estudantes de renda mais baixa, observaremos se houve alguma mudança nesses grupos. Os homens negros são aqueles com maior percentual de evasão nos três anos analisados, seguidos pelos homens brancos, e mais distantes, as mulheres negras e as mulheres brancas. As mulheres são aquelas que mais concluem os cursos, com uma pequena vantagem das brancas sobre as negras. Nos anos seguintes à adoção das cotas, nenhum grupo ampliou seu percentual de evasão. Com isso, não há evidências de que homens negros e mulheres negras ingressantes após as cotas seriam mais propensos a evasão.

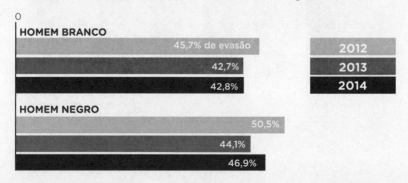

Gráfico 54 – Percentual de ingressantes que evadiram do curso por ano (de 2012 a 2014, em relação ao total do mesmo gênero e raça)

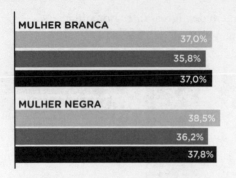

Fonte: Elaboração dos autores, dados institucionais da UFRJ.

Os ingressantes de 2012 com baixa renda (de até um salário mínimo e meio *per capita*) tinham maiores percentuais de evasão do que aqueles com renda superior. Nos dois anos seguintes à adoção das cotas, ainda são os mais pobres que têm o maior percentual, no entanto, não houve ampliação da evasão. Não temos, novamente, nenhuma indicação de que após a implantação das cotas tenha havido mudanças no indicador de evasão dos ingressantes por renda.

Gráfico 55 – Percentual de ingressantes que evadiram do curso por ano (de 2012 a 2014, em relação ao total do grupo de renda)

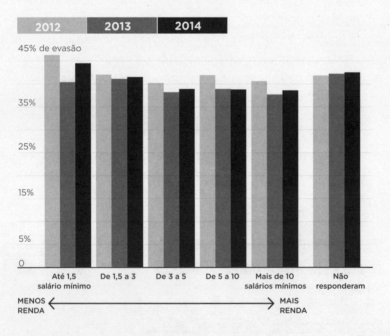

Fonte: Elaboração dos autores, dados institucionais da UFRJ.

Os cursos da área de ciência, tecnologia, engenharia e matemática centrados em matemática e física (STEM 1) têm maior percentual de evasão, e os cursos da área de humanidades mais seletivas (HUM 1) têm o menor percentual. Entre as duas áreas, estão os cursos das áreas de ciência, tecnologia, engenharia e matemática centrada em biologia e química (STEM 2), técnicos e de informação (TEC) e humanidades menos seletiva (HUM 2). Essa ordem se mantém nos três anos analisados, mas chama a atenção que a expansão das cotas em 2014 parece afetar negativamente a área de ciência, tecnologia, engenharia e matemática centrada em matemática e física (STEM 1).

Gráfico 56 – Percentual de ingressantes que evadiram do curso por ano (de 2012 a 2014, em relação ao total da área do conhecimento)

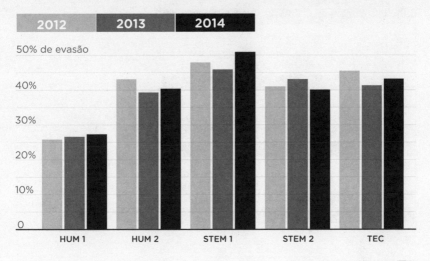

Fonte: Elaboração dos autores, dados institucionais da UFRJ.

Entre 2013 e 2014, os ingressantes por cota de escola pública com renda acima de um salário mínimo e meio (EP) mantiveram o menor percentual de evadidos do curso, seguidos pelos ingressantes via ampla concorrência (AC) e ingressantes via cota de escola pública com renda de até um salário mínimo e meio (EP + R). As variações ocorridas não permitem apontar tendências, mas apenas indicar que: i) os ingressantes por cota de escola pública, raça e renda de até um salário mínimo e meio (EP + PPI + R) e por cota por escola pública, raça e renda acima de um salário mínimo e meio (EP + PPI) apresentam maiores percentuais de evasão que os das demais formas de ingresso; e ii) os ingressantes por cota de escola pública sem a cota da raça e ampla concorrência (AC) exibem percentuais de evasão mais próximos. Será necessário manter o acompanhamento da situação da matrícula nos próximos anos para verificar se é uma tendência e se consiste no efeito da maior evasão dos homens negros apresentada anteriormente.

Gráfico 57 – Percentual de ingressantes que evadiram do curso por ano (de 2013 a 2014, em relação ao total da modalidade de ingresso)

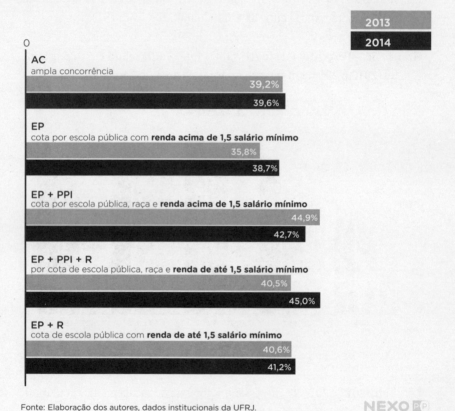

Fonte: Elaboração dos autores, dados institucionais da UFRJ.

Para observar a variação da evasão nas áreas de conhecimento segundo a forma de ingresso, elegemos o ano 2014. Na área de ciência, tecnologia, engenharia e matemática centrada em matemática e física (STEM 1), os cotistas por raça e renda (EP + PPI + R) são aqueles que mais evadem, seguidos pelos cotistas de escola pública com renda acima de um salário mínimo e meio (EP), e os cotistas de escola pública com renda abaixo de um salário mínimo e meio são aqueles que menos evadem. Os ingressantes pela ampla concorrência e os cotistas por escola pública e raça (EP + PPI) estão próximos e entre os dois polos.

Na área de ciência, tecnologia, engenharia e matemática centrada em ciência e biologia (STEM II), cotistas de escola pública e raça (EP+PPI) são os que mais evadem, e cotistas de escola pública com renda acima de um salário mínimo e meio (EP), os que menos evadem.

Na área de humanidades mais seletivas (HUM 1), diferentemente das demais áreas de ciência e tecnologia, os cotistas têm percentuais próximos de evasão e distintos da ampla concorrência. Embora olhar para um único ano não permita aprofundar as análises e identificar tendências, é importante destacar que, entre as áreas mais seletivas, quando se trata das áreas de ciência e tecnologia, o tipo de cota parece impactar na evasão.

Gráfico 58 – Percentual de ingressantes que evadiram do curso por área do conhecimento (em relação ao total da modalidade de ingresso)

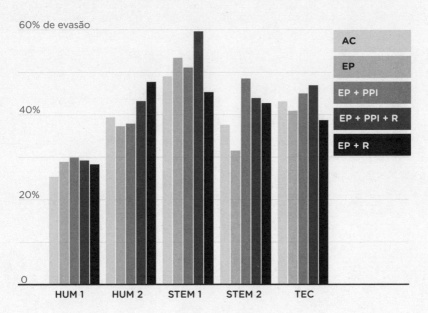

Fonte: Elaboração dos autores. dados institucionais da UFRJ.

No contexto de adoção da Lei n.º 12.711/2012, a evasão dos grupos de gênero e raça e por renda é desigual e persistente, mas não se amplia. Por área, observamos que a área de ciência, tecnologia, engenharia e matemática centrada em matemática e física, que já tinha o maior percentual de evasão, amplia a evasão. A forma de ingresso também traz indicações importantes: os ingressantes por cota de escola pública e raça são mais propensos a evadir do que os demais ingressantes por cotas de escola pública e ampla concorrência.

Diante do aumento da evasão na área de ciência e tecnologia centrada em matemática e física e da variação da evasão segundo forma de ingresso, procuramos olhar mais de perto para a evasão nas áreas segundo a forma de ingresso. Observamos que há variações na evasão segundo o tipo de ingresso, em especial nas áreas de ciência e tecnologia. A persistência da evasão e o efeito do tipo de ingresso na evasão em algumas áreas merecem ser mais bem analisadas para estimular políticas de permanência focalizadas.

A Lei de Cotas democratizou os cursos de maior prestígio? O caso da UFBA[1]

Claudia Monteiro Fernandes

Com a ampliação de vagas e o aumento do ingresso de jovens negros e de baixa renda nas universidades, uma questão se coloca: a democratização atinge da mesma forma diferentes cursos dentro das universidades? Utilizando o Censo da Educação Superior realizado anualmente pelo Inep, levantamos algumas características dos chamados "cursos de alto prestígio e alta demanda", conforme sugerido por Delcele Queiroz e Jocélio Santos (2013). Foram eles: Medicina; Direito; Arquitetura e Urbanismo; Psicologia; Engenharias Civil, Química, Mecânica e Elétrica; Comunicação – Jornalismo e Produção Cultural; Administração; e Odontologia. A universidade brasileira é relativamente nova, a maior parte desses cursos existe desde os primeiros anos de criação dos bacharelados por aqui e são muito disputados pelos filhos das elites econômica e intelectual. Durante muitos anos foram espaços quase exclusivos de jovens de renda elevada e de famílias tradicionais, com poucos jovens negros e de baixa renda. A UFBA tem alguns dos mais antigos cursos do Brasil, criados antes mesmo de se tornar uma universidade.

A Lei n.º 12.711/2012 determinou a reserva de vagas para todas as Ifes, e a sua implementação tem provocado alterações no perfil dos estudantes da educação superior. No entanto, antes de a Lei de Cotas entrar em vigor, diversas IES já haviam criado programas de ação afirmativa com reserva de vagas para o acesso de estudantes de graduação, e a UFBA é uma delas. Desde 2004, foi aprovado na UFBA um programa de ações afirmativas para ingresso de estudantes que vieram da rede pública de educação, que estabelecia a reserva

---

[1] Originalmente publicado em: https://pp.nexojornal.com.br/opiniao/2022/03/21/a-lei-de-cotas-democratizou-os-cursos-de-maior-prestigio-o-caso-da-ufba.

de 43% das vagas – 85% para estudantes autodeclarados pretos e pardos, 15% para os autodeclarados brancos e amarelos, 2% para indígenas e duas vagas "extras" (suplementares) para indígenas aldeados e estudantes oriundos de comunidades quilombolas. Em 2012, 40,9% dos estudantes regularmente matriculados e cursando presencialmente a UFBA eram ingressantes por reserva de vagas. Já em 2019, 38,6% eram ingressantes por reserva de vagas. Vale destacar que o número de estudantes matriculados e cursando efetivamente na UFBA cresceu significativamente: de 11 mil em 2012 para 34 mil em 2019.

Os cursos de maior prestígio na UFBA tiveram, em geral, proporções mais elevadas de ingressantes por meio de reserva de vagas que os demais cursos, mesmo que a participação de jovens negras e negros ainda esteja abaixo do total desses jovens na população residente na Bahia (82,1% em 2019, segundo o IBGE), ou mesmo da proporção prevista na Lei n.º 12.711/2012 (50%).

É importante chamar a atenção, sem diminuir sua relevância, para a elevada parcela de estudantes que não declararam cor ou raça no Censo do MEC. Os/as estudantes negras e negros são estimulados a se autodeclarar para concorrer a uma vaga reservada por critério étnico, mas essa informação termina sendo negligenciada para aqueles que não disputam essas vagas. Ou seja, os estudantes sem identificação de raça tendem a ser não negros. Por isso, além do aprimoramento das políticas de ações afirmativas, os sistemas de informação oficiais necessitam de atenção, para que estudos sobre resultados e necessidades de melhorias possam orientar de forma mais confiável as decisões futuras.

Portanto, a elevada proporção de ingressantes por reserva de vagas é uma realidade na UFBA mesmo antes da Lei de Cotas, de 2012. Nesse contexto, é importante destacar as diferenças no ingresso e o perfil dos estudantes dos cursos considerados de "maior prestígio e maior demanda".

Gráfico 59 – Ingressantes por reserva de vagas na UFBA
(por curso, em 2012 e 2019)

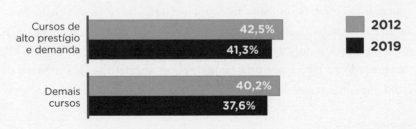

Fonte: Ministério da Educação.

A proporção de estudantes que ingressaram por reserva de vagas e permanecem frequentando regularmente é maior nos cursos de maior prestígio e maior demanda. E, apesar do crescimento das vagas e da criação de novos cursos, essa proporção caiu um pouco em 2019, mas se manteve acima da média dos demais cursos. Com a realidade animadora de crescimento das vagas, interiorização da UFBA e crescimento do número absoluto de estudantes negros, indígenas, quilombolas e egressos da rede pública, a demanda por ingresso por meio de cotas em cursos tradicionalmente mais excludentes aumentou. As ações afirmativas têm cumprido seu papel de romper barreiras históricas de ingresso em cursos de mais prestígio social, de maior demanda e de difícil acesso na UFBA.

Com base em dados do Censo da Educação Superior para a UFBA, cursos considerados de alto prestígio – como Medicina, Direito, Arquitetura e Urbanismo, Psicologia e Engenharias Civil, Química e Mecânica – tinham proporções de estudantes que ingressaram por reserva de vagas maiores que a média dos demais cursos. Engenharia Elétrica, Comunicação, Administração e Odontologia tinham proporções um pouco menores que os demais cursos (abaixo de 37,6%); ainda assim, mais de um terço de seus estudantes. Vale lembrar que tais cursos de alto prestígio representam cerca de 30% das matrículas e, em geral, são os mais disputados em praticamente todas as universidades.

Em 2019, os cursos de Medicina, Direito e Engenharia Química tiveram um crescimento na proporção de seus estudantes regulares que ingressaram por reserva de vagas em comparação com 2012. Portanto, aumentou a presença dos cotistas frequentando esses cursos nos últimos anos. Mas existe espaço para a ampliação da presença de estudantes cotistas, que ainda são minoria entre os ingressantes.

As políticas de ação afirmativa para ingresso na educação superior federal pública resultaram em mudanças importantes nos últimos anos, com inequívocas reduções das desigualdades duradouras que caracterizam a educação no Brasil. No momento de abertura de debates sobre o aprimoramento dessas políticas, incluir temas como democratização do acesso a cursos de alto prestígio e alta demanda, assim como as garantias de permanência e conclusão desses cursos, é fundamental, em especial nas IES que estão situadas em estados e regiões onde a população negra é majoritária, como é o caso da Universidade Federal da Bahia. É urgente, ainda, discutir estratégias que permitam que a proporção mínima de 50% de estudantes negras e negros, conforme estabelecido por lei, seja de fato alcançada em todos os cursos de graduação das instituições públicas de educação superior.

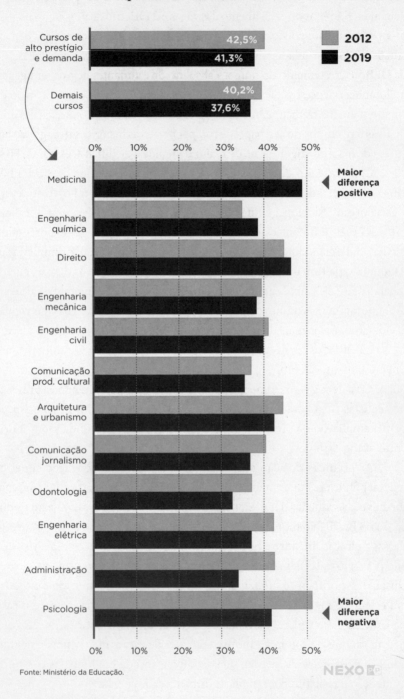

Gráfico 60 – Ingressantes por reserva de vagas na UFBA (por curso, em 2012 e 2019)

Fonte: Ministério da Educação.

Referências

Brasil. Ministério da Educação. Instituto Nacional de Estudos e Pesquisas Educacionais Anísio Teixeira. *Censo da Educação Superior 2019 – Microdados*. Brasília: MEC/INEP; 2020. Disponível em: chrome-extension:// efaidnbmnnnibpcajpcglclefindmkaj/https://download.inep.gov.br/educacao_ superior/censo_superior/documentos/2020/Apresentacao_Censo_da_ Educacao_Superior_2019.pdf. Acesso em: 7 jun. 2021.

Cavalcanti, Ivanessa Thaiane do Nascimento; Andrade, Claudia Sa Malbouisson. Ações Afirmativas na UFBA: uma análise exploratória por gênero do desempenho dos ingressantes de 2009. [s.d.]. Disponível em: https://www.equidade.faced. ufba.br/sites/equidade.oe.faced.ufba.br/files/acoes_afirmativas_na_ufba_uma_ analise_exploratoria_por_genero_do_desempenho_dos_ingressantes_de_2009. pdf. Acesso em: 25 nov. 2024.

Fernandes, Claudia Monteiro. *Desigualdades raciais e de gênero na Educação Superior no Brasil*. 2021. 245 f. Tese (Doutorado em Ciências Sociais) – Faculdade de Filosofia e Ciências Humanas, Universidade Federal da Bahia, Salvador, 2021.

Instituto Brasileiro de Geografia e Estatística (IBGE). *Pesquisa Nacional por Amostra de Domicílios Contínua trimestral*. Disponível em: https://www.ibge. gov.br/estatisticas/sociais/trabalho/9173-pesquisa-nacional-por-amostra-de-domicilios-continua-trimestral.html. Acesso em: 11 fev. 2022.

Pereira, Sheila R. S. *Determinantes da equidade no Ensino Superior: uma análise da variabilidade dos resultados do Enade no desempenho de cotistas e não cotistas*. 2017. 367 f. Tese (Doutorado em Educação) – Faculdade de Educação, Universidade Federal da Bahia. Salvador, 2017.

Queiroz, Delcele Mascarenhas; Santos, Jocélio Teles dos. O impacto das cotas na Universidade Federal da Bahia (2004-2012) *In*: Santos, Jocélio Teles dos (org.). *O impacto das cotas nas universidades brasileiras*. Salvador: Ceao, 2013. p. 37-66.

A urgência do debate sobre permanência:
o caso da UFBA[1]

Edilza Correia Sotero

Em 2022, o Brasil ensaiava a saída da pandemia de covid-19, ainda que no seu rastro estivesse o aprofundamento de desigualdades, com impactos nos diversos setores da sociedade. Em relação à educação universitária, ainda é preciso estimar os efeitos da pandemia, especialmente para grupos que já se encontravam em situação de vulnerabilidade social, em sua maior parte estudantes. Dessa forma, o debate sobre permanência na universidade ganha caráter de urgência.

O ano 2022 também marca os 20 anos das políticas de ação afirmativa nas universidades brasileiras e os 10 anos da Lei de Cotas (Lei n.º 12.711/2012). As políticas de ação afirmativa promoveram uma mudança de grande amplitude no ensino superior, com impactos no ingresso de estudantes em cursos de graduação e pós-graduação, e na reconfiguração dos currículos e do corpo docente das instituições. Nesse período, a presença de estudantes oriundos de escolas públicas, assim como negros, indígenas e quilombolas, alcançou um crescimento sem precedentes, gerando aumento nas demandas por políticas para a permanência estudantil nas universidades.

O estabelecimento das políticas de ações afirmativas acompanhou a ampliação das políticas voltadas para a permanência de estudantes no ensino superior. Essas políticas buscaram combater as desigualdades no nível de ensino, que têm entre os efeitos mais comuns a evasão, o impacto no desempenho acadêmico e o aumento no tempo médio de permanência

---

[1] Originalmente publicado em: https://pp.nexojornal.com.br/opiniao/2022/09/16/a-urgencia-do-debate-sobre-permanencia-de-estudantes-na-universidade-o-caso-da-ufba.

nos cursos. Outros efeitos estão relacionados à fruição da universidade, envolvendo a participação em atividades de ensino, pesquisa e extensão, e eventos culturais e esportivos.

Os estudos sobre permanência no ensino superior indicam que esta compreende tanto uma dimensão material quanto uma dimensão simbólica. Enquanto a permanência material está relacionada às condições objetivas de existência do estudante na universidade, a permanência simbólica traduz a experiência no ensino superior, a possibilidade de identificação, reconhecimento e pertencimento ao espaço universitário.

Para compreender o amplo debate sobre permanência, é preciso analisar as políticas de ações afirmativas no conjunto das políticas educacionais voltadas para o ensino superior. O processo de ampliação do acesso e a diversificação de vagas, cursos e instituições no ensino superior se deu de forma abrangente, descentralizada regionalmente, e alcançou as redes pública e privada, modificando de forma significativa o ensino. Na rede privada, destacam-se políticas do governo federal como a criação do Prouni, em 2005, e a ampliação do Fies. Nas Ifes, o estabelecimento das políticas afirmativas foi acompanhado de outras ações do governo federal, como a criação de cursos a distância na Universidade Aberta do Brasil (UAB), em 2005, a instituição do Reuni, em 2007, assim como a estruturação do Sisu, em 2010.

Entre as políticas voltadas para a permanência estudantil, o governo federal criou, em 2007, o Programa Nacional de Assistência Estudantil (Pnaes), com o intuito de garantir recursos e desenvolver ações para a permanência de estudantes de graduação em cursos presenciais das Ifes. As ações subsidiadas pelo Pnaes propunham a articulação de ensino, pesquisa e extensão e o foco na diminuição de repetência e evasão. Foi a partir da criação dos Pnaes que as Ifes passaram a ter recursos para reorganizar e ampliar sua política interna de assistência estudantil.

Os recursos do Pnaes permitiram que a UFBA solucionasse parcialmente problemas de financiamento para ampliar a política de assistência estudantil. Em 2004, quando a UFBA adotou ações afirmativas para ingresso de estudantes em cursos de graduação, foi elaborado um programa com quatro eixos: preparação para o ingresso, ingresso, permanência e pós-permanência. A Pró-Reitoria de Assistência Estudantil foi criada em 2006, reunindo ações e programas que antes estavam dispersos em diferentes setores da universidade. Em 2009, o órgão foi renomeado e passou a se chamar Pró-Reitoria de Ações Afirmativas e Assistência Estudantil (Proae).

A partir de 2013, a UFBA aderiu ao sistema de reserva de vagas estabeleci-do pela Lei de Cotas, mantendo a proposta de assistência estudantil já vigente na universidade. Atualmente, a Proaes desenvolve ações, programas e serviços, como bolsas e vagas de moradia estudantil, auxílio-alimentação, creche, transporte, atenção à saúde, atendimento psicológico, inclusão digital, apoio a atividades de esporte e lazer, bolsas acadêmicas, apoio pedagógico e suporte à aprendizagem de estudantes com deficiência. Além disso, desde 2019, o órgão também passou a organizar o processo de heteroidentificação racial no ingresso de estudantes e servidores, selecionados via políticas de ações afirmativas.

A expansão da assistência estudantil foi acompanhada do crescimento de ingressantes e de matrículas a cada ano. Em 2013, eram 32.254 matriculados em cursos de graduação presencial; em 2021, esse número cresceu para 42.305. O aumento das matrículas esteve também associado à expansão da política de ações afirmativas que, a partir de 2017, passa a ser aplicada para o ingresso na graduação e na pós-graduação, incluindo indígenas, quilombolas, pessoas com deficiência e pessoas trans, além de pretos e pardos. Todo esse contexto reforça a demanda por mais políticas de assistência estudantil.

Tabela 6 – Auxílios, bolsas e serviços de assistência estudantil da UFBA

BENEFÍCIOS	2004	2008	2013	2017	2019	2020	2021
Residência Universitária e Auxílio Moradia	504	406	908	1.710	2.027	1.720	1.565
Auxílio Alimentação		219	1.103	855	3.022	2.821	2.690
Auxílio Transporte			658	729	938	689	450
Auxílio Saúde			420	594	477	234	27
Bolsa Programa Permanecer/UFBA		567	750	1.077	1.002	679	808

BENEFÍCIOS	2004	2008	2013	2017	2019	2020	2021
Bolsa Permanência/MEC				822	866	779	541
Auxílio Emergencial para estudantes durante a pandemia covid-19						2.681	2.963
Outros auxílios, bolsas e serviços				3.614	1.948	851	681
Total	**504**	**1.192**	**3.839**	**9.401**	**10.280**	**10.454**	**9.725**

Apesar da expansão das ações, estudantes ainda encontram dificuldades para acessar a assistência estudantil. Na UFBA, o critério principal para acessar auxílios, bolsas e serviços oferecidos pela Proae é a vulnerabilidade social, sendo necessário realizar um cadastro após o ingresso, mesmo no caso dos estudantes ingressantes por cotas. O cadastro não garante acesso aos programas, mas é condição básica para a inscrição. A dificuldade em realizar o cadastro aparece entre os principais problemas citados por discentes para acessar a Proae, incluindo a falta de orientação sobre o procedimento ou as dificuldades em reunir a documentação comprobatória necessária.

Ainda em relação à assistência estudantil na UFBA, o corte no orçamento do MEC, que atinge as Ifes, resultou em uma readequação da política na universidade. As ações da Proae foram reduzidas em 2020, comparando com os dados de 2019, também por causa da paralisação das atividades da universidade em março de 2020, devido à pandemia de covid-19, e o retorno das aulas no formato remoto no mês de setembro do mesmo ano.

O caso da UFBA demonstra os desafios de manutenção da política de permanência no ensino superior em um contexto de corte de verbas e com demandas crescentes por ações no campo da assistência estudantil. Considerando o fato de que a expansão da política de permanência ocorreu *pari passu* com a institucionalização das políticas de ações afirmativas no Brasil, é urgente a necessidade de compreensão dos esforços empreendidos nos últimos 20 anos nas duas áreas, que funcionam de forma complementar. A redução de investimentos na assistência estudantil é preocupante, pois coloca em risco a permanência dos estudantes nas universidades e, com isso, fragiliza toda a rede de políticas que garantiram a ampliação do sistema de ensino superior no Brasil.

Referências

Brasil. *Portaria Normativa n.º 39*, de 12 de dezembro de. 2007. Institui o Programa Nacional de Assistência Estudantil (PNAES). Brasília, 12 dez. 2007. Disponível em: http://portal.mec.gov.br/arquivos/pdf/portaria_pnaes.pdf. Acesso em: 25 nov. 2024.

Dutra, Natália Gomes dos Reis; Santos, Maria de Fátima de Souza. Assistência estudantil sob múltiplos olhares: a disputa de concepções. *Ensaio: Avaliação e Políticas Públicas em Educação*, Rio de Janeiro, v. 25, n. 94, p. 148-181, jan.--mar. 2017.

Queiroz, Delcele Mascarenhas; Santos, Jocélio Teles dos. O impacto das cotas na Universidade Federal da Bahia (2004-2012) *In*: Santos, Jocélio Teles dos (org.). *O impacto das cotas nas universidades brasileiras*. Salvador: Ceao, 2013. p. 37-66.

Santos, Dyane Brito Reis. *Para além das cotas: a permanência de estudantes negros no ensino superior como política de ação afirmativa*. 2009. 214 f. Tese (Doutorado em Educação) – Faculdade de Educação, Universidade Federal da Bahia, Salvador, 2009.

PARTE VI

Outras dimensões das ações afirmativas no ensino superior

Universidade e mobilidade indígena[1]

José Maurício Arruti
Chantal Medaets
Flávia Longo

A mobilidade e a presença indígena nas cidades tornaram-se objeto de crescente interesse desde o início do século XXI, em todas as Américas. Nenhum dos dois fenômenos é novo, mas a mudança na sua escala os tornou centrais na compreensão da realidade indígena contemporânea. No Brasil, havia 818 mil pessoas autodeclaradas indígenas no Censo Demográfico de 2010; 36,2% residiam na área urbana e 26,2% não moravam no mesmo município desde que nasceram, ou seja, haviam migrado ou vivido alguma experiência de mobilidade.

Inúmeros fatores estão na origem da mobilidade indígena e da sua migração para as cidades, fenômenos que respondem tanto a dinâmicas territoriais e étnicas quanto de caráter familiar e individual. A questão que abordaremos é o impacto que o ingresso indígena nas universidades ocupa entre esses diversos fatores. Apesar de recente no Brasil, a experiência universitária pode ser considerada como mais uma dimensão fundamental na compreensão da realidade indígena contemporânea. É, portanto, necessário nos perguntarmos sobre as condições e os efeitos do acesso ao ensino superior para a própria população indígena, entre eles o possível incremento quantitativo e qualitativo da sua mobilidade e de sua presença nas cidades.

Comecemos pelos números mais gerais. O último Censo Demográfico, de 2010, indica que a maior concentração de pessoas declaradas indígenas no país estava na região Norte (37,4%), seguida das regiões Nordeste (25,5%) e

---

[1] Originalmente publicado em: https://pp.nexojornal.com.br/opiniao/2022/12/13/universidade-e-mobilidade-indigena-impactos-da-busca-pelo-ensino-superior.

Centro-Oeste (16%). No entanto, os dados do Censo da Educação Superior de 2010 e de 2019 mostram uma distribuição regional das matrículas indígenas bastante distinta.

Em 2010, a região Sudeste detinha o maior percentual de matrículas indígenas no ensino superior, seguida das regiões Nordeste e Norte. Uma década depois, a região Nordeste passa a compor o maior percentual, seguida da região Sudeste e então da região Norte.

Tabela 7 – Brasil, 2010 e 2019 – Distribuição das matrículas indígenas segundo grande região de localização da IES

REGIÃO DA IES	ANO			
	2010		2019	
	N	%	N	%
Norte	1.730	18,5	16.651	23,1
Nordeste	2.786	29,8	25.493	35,4
Sudeste	3.123	33,4	18.521	25,7
Sul	823	8,8	4.680	6,5
Centro-Oeste	888	9,5	6.738	9,3
Total	9.350	100	72.083	100

Para avançarmos na análise, são necessários alguns cuidados metodológicos. Primeiro, para caracterizar mobilidade, precisamos dispor da informação tanto sobre a unidade da federação em que o estudante nasceu, quanto sobre aquela em que está a IES à qual ele está vinculado. Em 2019, do total de 72 mil estudantes indígenas, dispomos dessas duas informações para 40.696 deles. Nos demais casos, o Censo da Educação Superior não apresenta a informação sobre origem (estado de nascimento) do estudante. Além disso, é preciso restringir nosso universo aos estudantes matriculados na modalidade presencial (78,6% do total das matrículas de estudantes indígenas), já que cursos a distância não implicam necessariamente mobilidade. Nossa análise debruça-se, assim, sobre um universo de 31.265 casos que cumprem essas condições. Se esses dados não abarcam a totalidade dos estudantes indígenas, eles permitem indicar uma tendência, que deve ser considerada.

Tendo em conta, portanto, esse subconjunto, a primeira observação a se fazer é que um quinto deles (6.212 estudantes) se deslocou do seu estado de origem e cursa universidade em outra unidade da federação. Entre esses estudantes em mobilidade, 38,3% deslocaram-se dentro da própria região de origem (mobilidade intrarregional), enquanto o percentual complementar, 61,7%, indica o deslocamento para estados em outras regiões do país (mobilidade nacional). Importa lembrar que, entre os que permaneceram no estado, podem ainda ter ocorrido deslocamentos para cidades maiores ou capitais para estudar.

Gráfico 61 – Mobilidade de estudantes indígenas no ensino superior (em 2019)

Fonte: Censo da Educação Superior 2019, do Ministério da Educação.

A segunda observação é sobre o fluxo desenhado por essa mobilidade, que podemos inferir dos saldos regionais na troca de domicílio indígena. Os saldos foram calculados a partir de uma matriz que cruza estado de nascimento e estado da IES em que os estudantes estão matriculados. Na mudança entre região de nascimento e aquela de matrícula em uma IES, Norte e Nordeste tiveram saldo negativo, enquanto as regiões Sul, Sudeste e Centro-Oeste tiveram saldos positivos, ficando o Sudeste com o maior saldo positivo em números absolutos. Isso significa que parte dos estudantes nascidos no Norte e no Nordeste estudavam, em 2019, em outras regiões, e, em ambos os casos, a região Sudeste foi seu principal destino, seguida da região Centro-Oeste.

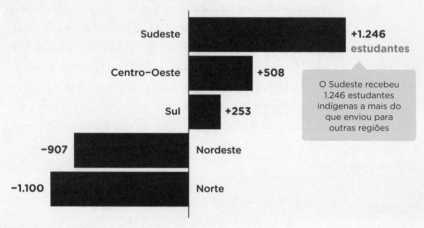

Gráfico 62 – Saldo migratório de estudantes indígenas (por região, em 2019)

O Sudeste recebeu 1.246 estudantes indígenas a mais do que enviou para outras regiões

Fonte: Censo da Educação Superior 2019, do Ministério da Educação.

Não é possível saber se a oferta educacional de nível superior foi determinante para explicar essas migrações ou se o ingresso no ensino superior veio depois de uma mudança por razões econômicas ou familiares, por exemplo. Contudo, pesquisas relacionando migração indígena para cidades e busca por continuidade dos estudos, assim como os dados aqui apresentados, sugerem que a possibilidade de ingressar na universidade é um fator significativo nessas decisões. Quando desagregamos os dados por estado, vemos o destaque do estado de São Paulo no Sudeste, de Santa Catarina no Sul e, em menor medida, de Goiás e do Distrito Federal no Centro-Oeste, como polos de atração de estudantes.

Um estudo pioneiro, realizado com base nos dados do Censo Demográfico de 2010, indica que menos de 2% da população indígena havia mudado o domicílio entre estados no período compreendido entre 2005 e 2010, e que 37,5% desses deslocamentos ocorreram dentro da mesma região, principalmente no Nordeste e no Sul, responsáveis pelo maior percentual de migrantes intrarregionais do período.

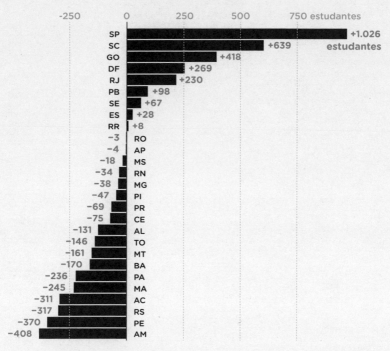

Fonte: Censo da Educação Superior 2019, do Ministério da Educação.

Tais fluxos parecem estar sendo alterados pelos projetos indígenas de qualificação educacional e pela ampliação das suas oportunidades de acesso às grandes instituições de ensino superior públicas. Redirecionada para os centros de produção cultural do país, a mobilidade indígena passa a impactar também sua visibilidade cultural e política, permitindo inclusive a emergência de uma organização nacional de estudantes indígenas. Essa organização tem se materializado nos Encontros Nacionais de Estudantes Indígenas (Eneis), que estão em sua nona edição, e na recém-criada União Plurinacional dos Estudantes Indígenas (Upei). Tudo isso tem alterado a forma como a imprensa e as instituições públicas e privadas de cultura dessas regiões se relacionam com a presença e com a perspectiva indígena. Ouve-se cada vez mais e melhor a voz indígena.

Este texto tem por base pesquisas realizadas no âmbito do Centro de Antropologia de Processos Educativos (Ceape), da Faculdade de Educação da Unicamp.

O crescimento da presença indígena no ensino superior[1]

Chantal Medaets
José Maurício Arruti
Flávia Longo

De objetos de interesse científico, os indígenas vêm tornando-se estudantes e pesquisadores, e tanto suas produções acadêmicas quanto seus conhecimentos não acadêmicos são cada vez mais valorizados. Expressão disso são os Encontros Nacionais de Estudantes Indígenas, que ocorrem desde 2013 e reuniram mais de 2 mil participantes em sua última edição, realizada em julho deste ano na Unicamp. Também podemos citar a organização, pela Sociedade Brasileira para o Progresso da Ciência (SBPC), desde 2014, da SBPC Indígena, que em 2017 tornou-se SBPC Afro e Indígena, e a criação, em 2020, da Articulação Brasileira de Indígenas Antropólogos, no interior da Associação Brasileira de Antropologia (ABA). E ainda, desde pelo menos 2016, a atribuição de títulos de doutor *honoris causa* a lideranças indígenas como Ailton Krenak na UnB, Almir Suruí na Universidade Federal de Rondônia (Unir), Raoni Kayapó na Universidade do Estado do Mato Grosso (Unemat), Babau Tupinambá na Uneb e Valdemar Xakriabá na UFMG.

Trata-se de um fenômeno intelectual e cultural, intimamente relacionado a um evento demográfico: o crescimento do número de estudantes indígenas nas universidades.

Até o final dos anos 1990, os indígenas universitários eram poucos. Segundo o Censo Demográfico do IBGE, em 2000, eles eram 4.397. Nas últimas duas décadas, observamos um crescimento expressivo, chegando, segundo o Censo da Educação Superior, a 72 mil matriculados em 2019.

---

[1] Originalmente publicado em: https://pp.nexojornal.com.br/opiniao/2022/09/01/o-crescimento-da-presenca-indigena-no-ensino-superior.

O que os dados oficiais nos permitem dizer sobre a presença indígena no ensino superior? Combinamos informações do Censo da Educação Superior e do Censo Escolar, produzidos pelo Inep, e dos censos demográficos do IBGE para analisar esse cenário.

A Tabela 8 chama a atenção para o maior crescimento do número de estudantes PPIs em relação aos demais grupos de cor/raça entre 2009 e 2019. No interior desse grupo, as matrículas indígenas tiveram o maior crescimento. Esse recente e "massivo ingresso" indígena nas universidades é apontado também por estudos recentes sobre o tema (Luciano; Amaral, 2021).

Tabela 8 – Brasil – 2009 e 2019 – Número de estudantes no ensino superior segundo cor/raça

COR/RAÇA	Ano		VARIAÇÃO 2009-2019 (%)
	2009	2019	
Não declarado	2.348.316	2.113.381	-10
Branca	1.164.740	4.562.220	+291,7
Preta	121.762	766.374	+529,4
Parda	435.075	3.318.933	+662,8
Amarela	42.591	183.069	+329,8
Indígena	8.411	72.086	+757,0
Não dispõe de informação	2.541.053	22.011	-99,1
Total	6.661.948	11.038.074	+65,7

Fonte: Inep – Censo da Educação Superior, 2009 e 2019 (microdados).

É preciso notar que, nos dados do Censo da Educação Superior, a variável cor/raça tem taxas de subnotificação relevantes que foram, graças a medidas do Inep, decrescendo com os anos. A soma das categorias "sem declaração" e "não dispõe de informação", para a variável cor/raça, representava altíssimos 73,5% em 2009, caindo para 18,2% em 2019. Na curva de crescimento das matrículas indígenas, por exemplo, é provável que pelo menos parte do aumento tenha origem simplesmente na melhor notificação. No entanto, os censos do IBGE, assim como a literatura disponível, levam-nos a pensar que o quadro desenhado pelo Censo da Educação Superior não seja muito distante da realidade. Entre 2000 e 2010, o IBGE já indicava um crescimento de indígenas matriculados no ensino superior da ordem de 157% (de 4.397 indivíduos em 2000 a 11.295 em 2010), enquanto o de brancos havia aumentado 101% no período. O crescimento também é coerente com a tendência de aumento da participação de negros no ensino superior desde os anos 2000, decorrente de políticas de ação afirmativa que atingem tanto o setor público como o privado, por meio do Prouni.

No caso dos estudantes indígenas, o que pode explicar essa mudança? Embora não seja possível estabelecer relações diretas de causa e efeito, ao menos dois fatores podem ser mencionados. Primeiro, a ampliação do contingente de alunos indígenas na educação básica. Os censos demográficos de 2000 e 2010 mostram um aumento do número de alunos e, especificamente no caso do ensino médio, um aumento ligeiramente superior àquele do total da população indígena. E o Censo Escolar indica crescimento de 53,7% das matrículas na educação básica como um todo entre 2009 e 2019, e de 71% somente no ensino médio. Há, portanto, um incremento do volume de alunos indígenas, em todos os níveis de ensino.

Gráfico 64 – Número de estudantes indígenas na educação básica (em contraste com população indígena total, em 2000 e 2010)

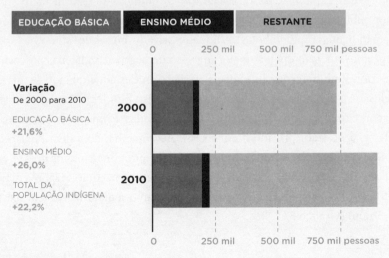

Fonte: Censos demográficos de 2000 e 2010, do IBGE (Instituto Brasileiro de Geografia e Estatística).

Gráfico 65 – Número de matrículas de indígenas (na educação básica, em 2009 e em 2019)

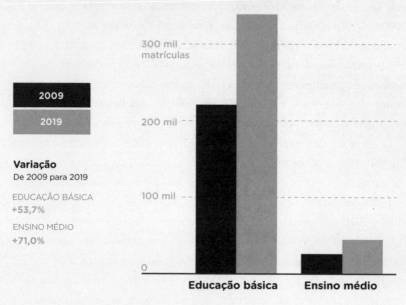

Fonte: Censo Escolar 2009 e 2019, Inep (Instituto Nacional de Estudos e Pesquisas Educacionais Anísio Teixeira).

Outra explicação passa pela adoção de políticas de ação afirmativa. No setor público, programas de cotas étnico-raciais e vestibulares diferenciados (para indígenas e quilombolas), e, no setor privado, bolsas de estudo via Prouni promovem, sem dúvida, maior ingresso de negros e indígenas no ensino superior. Embora ações afirmativas estejam em destaque quando se fala de inclusão social, no caso dos indígenas, é preciso ponderar com cautela seu peso na explicação do aumento total das matrículas. Primeiro, pois a maioria deles está no setor privado (Gráfico 66). Acompanhando a distribuição do conjunto da população universitária no Brasil, aproximadamente dois terços encontram-se em redes particulares – redes que detêm, como se sabe, a maior oferta de vagas no país. Segundo, pois, nesse grupo, a maioria não tem acesso ao Prouni (Gráfico 67).

Gráfico 66 – Número de estudantes indígenas em IES (por tipo de IES, de 2009 a 2019)

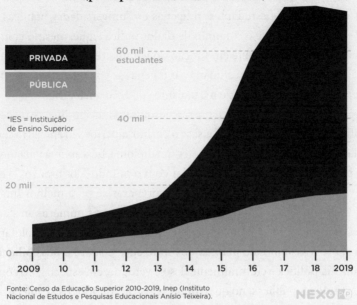

Fonte: Censo da Educação Superior 2010-2019, Inep (Instituto Nacional de Estudos e Pesquisas Educacionais Anísio Teixeira).

Gráfico 67 – Matrículas de indígenas em IES privadas (distribuição por tipo de financiamento)

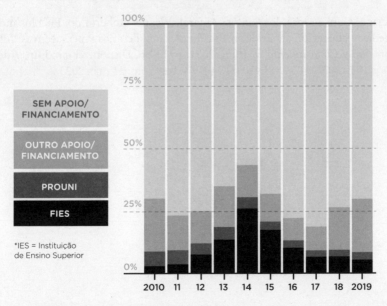

Fonte: Censo da Educação Superior 2010-2019, Inep (Instituto Nacional de Estudos e Pesquisas Educacionais Anísio Teixeira).

A importância das iniciativas de reserva de vagas e de vestibulares específicos é indiscutível. Elas contribuíram para um aumento de quase sete vezes do número de estudantes indígenas em universidades públicas entre 2009 e 2019. Mas o que o conjunto de dados indica é que, mesmo com essas iniciativas, e provavelmente em função do volume reduzido de vagas aberto por elas, a maior parte dos estudantes indígenas se volta para o setor privado, onde poucos se beneficiam de mecanismos de ação afirmativa.

Para além dos números, nossas pesquisas indicam que as razões que mobilizam pessoas indígenas a buscar o ensino superior são em parte comuns àquelas de tantos outros estudantes (ter um diploma, buscar uma vida melhor), e em parte específicas (aprender a lidar com o mundo "dos brancos", colocar em evidência os saberes de seus povos, preparar-se para melhor lutar por seus direitos). Ambas impulsionam a expansão que os números atestam. As razões específicas, no entanto, têm um efeito político e cultural absolutamente novo sobre a visibilidade pública dos indígenas e sobre a possibilidade de mobilizá-la política e culturalmente. Isso é verdade, em especial, no contexto das instituições públicas, no qual foram registrados todos os acontecimentos evocados no início deste texto.

Referências

Luciano, Gersem José dos Santos; Amaral, Wagner Roberto do. Pueblos indígenas y educación superior en Brasil y Paraná: desafíos y perspectivas. *Integración y Conocimiento*, v. 10, n. 2021, p. 13-36. Disponível em: https://doi. org/10.61203/2347-0658.v10.n2.34069. Acesso em: 31 mar. 2025.

A interseção entre renda, raça e desempenho no Enem[1]

Flavio Carvalhaes
Adriano Souza Senkevics
Carlos Antônio Costa Ribeiro

Um dos trunfos da política de ação afirmativa subscrita na Lei de Cotas (Lei n.º 12.711/2012) é combinar critérios socioeconômicos e étnico-raciais para a delimitação de beneficiários. Sabe-se que tanto negros e indígenas quanto estudantes de origem socioeconômica menos privilegiada encontram-se, historicamente, em posição de desvantagem em termos de oportunidades educacionais. Qual é a intensidade dessa desigualdade? Como renda e raça se combinam na estruturação dessas desigualdades? E o desempenho no Enem, ele faz diferença? Como renda, raça e desempenho se combinam na competição por um lugar no ensino superior brasileiro? O objetivo deste texto é analisar a interação entre essas três dimensões nas desigualdades de acesso ao ensino superior no Brasil e apresentar uma síntese da pesquisa "A interseção entre renda, raça e desempenho acadêmico no acesso ao ensino superior brasileiro".

Segundo o IBGE,[2] entre os brasileiros de 30 a 34 anos de idade, 20% haviam concluído o ensino superior, mas quando esses mesmos dados levam em conta a raça ou a cor das pessoas, observa-se que 30% dos brancos haviam concluído o curso superior; enquanto apenas 13% dos pardos e 11% dos pretos o fizeram. Esses números confirmam que a desigualdade racial na conclusão do ensino superior é enorme!

Essas estimativas das desigualdades raciais no acesso ao ensino superior são calculadas a partir das pesquisas domiciliares – tais como a Pnad Contínua –, que,

---

[1] Originalmente publicado em: https://pp.nexojornal.com.br/opiniao/2022/06/24/meritocracia-para-quem-a-intersecao-entre-renda-raca-e-desempenho-no-enem.

[2] Pnad-c (Pesquisa Nacional por Amostra de Domicílio Contínua) 2019, do IBGE (Instituto Brasileiro de Geografia e Estatística).

apesar de serem de alta qualidade, apresentam algumas limitações. Por exemplo, essas pesquisas não incluem informações sobre as condições socioeconômicas das famílias em que as pessoas cresceram. Isso impossibilita saber se as desigualdades raciais são influenciadas, por exemplo, pelos rendimentos das famílias de origem. Estudantes de famílias de rendimentos idênticos mas com diferentes identidades raciais têm oportunidades iguais ou diferentes? Além disso, as pesquisas domiciliares não contêm informações sobre a proficiência ou o desempenho escolar dos indivíduos. A progressão educacional não é influenciada apenas pelas condições socioeconômicas das famílias, mas também pelos resultados educacionais pregressos dos próprios estudantes. Condições socioeconômicas e desempenho educacional podem se combinar de diferentes maneiras. Embora o desempenho altíssimo seja necessário para entrar nas faculdades mais disputadas, os recursos econômicos de algumas famílias podem ser usados para pagar educação privada ou cursos preparatórios para estudantes com maior dificuldade escolar.

Hipoteticamente, ao combinar todos esses fatores, as desigualdades raciais poderiam ser apenas um reflexo das desigualdades socioeconômicas nas famílias de origem dos indivíduos, ou seja, o acesso desigual ao ensino superior dependeria mais dos rendimentos das famílias dos estudantes do que de sua cor/raça. Abaixo, trazemos evidências que apontam para a direção contrária. A cor/raça dos estudantes é um fator adicional na estruturação das oportunidades educacionais no Brasil. Estudantes indígenas e negros de mesma renda e mesmo desempenho que estudantes brancos têm sempre taxas de entrada menores no ensino superior.

Nossas evidências provêm do cruzamento entre duas bases de dados administradas pelo Inep: o Censo da Educação Superior e o Enem. Os inscritos no Enem informam sua renda domiciliar *per capita*. Os participantes também fazem uma prova, logo, dispomos de uma medida de desempenho educacional derivada da nota média nas quatro provas objetivas do Enem, 180 questões de múltipla escolha distribuídas em quatro áreas do conhecimento. A autoidentificação de cor/raça também é escolhida pelos estudantes no sistema de inscrição. Acompanhamos estudantes que fizeram o exame em 2012. Cruzamos essa base de dados com o Censo da Educação Superior, que contém dados de todos os matriculados no ensino superior do país. Isso nos possibilita verificar se os estudantes entraram ou não no ensino superior nessa janela de cinco anos. Os estudantes encontrados são tratados como matriculados em nossas análises.

Utilizando esses dados, podemos avaliar melhor as características das desigualdades no acesso ao ensino superior no país. Mais especificamente, podemos analisar se as oportunidades de acesso variam de acordo com a renda familiar, a raça e o desempenho no Enem. Uma primeira evidência dessa associação está no Gráfico 68, que apresenta medidas de posição das notas por estratos de renda para (1) todos os indivíduos da amostra (caixas cinza-escuras), (2) estudantes brancos (caixas pretas) e (3) estudantes pretos, pardos e indígenas (caixas cinza-claras). A leitura da esquerda para a direita do gráfico indica que, à medida que o estrato de renda aumenta, as notas dos candidatos do Enem crescem. A diferença entre as caixas de cor preta e cinza-claro sinaliza claramente que a associação entre renda familiar e raça não é homogênea; estudantes autodeclarados PPI têm, em todos os estratos de renda, medidas de posição inferior à de estudantes brancos, apesar de se encontrarem nos mesmos estratos de renda. Em suma, o gráfico revela que o desempenho é desigual não só em termos da renda familiar – quanto maior a renda, maior o percentual de estudantes com desempenho alto –, mas também em termos raciais, uma vez que, em cada estrato de renda, uma proporção maior de brancos do que de pretos, pardos ou indígenas tem desempenho mais alto.

Gráfico 68 – Distribuição da pontuação no Enem
(por faixa de renda e raça/cor)

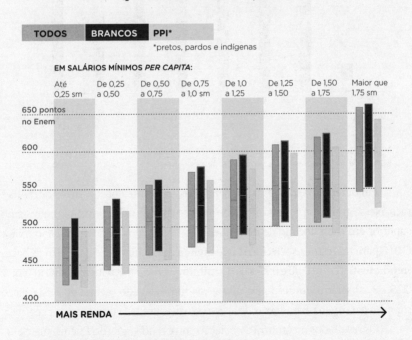

Observação: As barras indicam o intervalo entre os percentis 25 e 75 da distribuição, com o traço ao centro marcando a mediana. Fonte: Censo da Educação Superior 2012-2016 e Enem (Exame Nacional do Ensino Médio) 2011-2015.

Essas desigualdades raciais e de renda também estão presentes no acesso ao ensino superior, como se observa no Gráfico 69, que apresenta as proporções de ingresso no ensino superior por estrato de renda e cor ou raça autodeclarada pelos estudantes. Conforme a renda domiciliar aumenta, as probabilidades de entrar no ensino superior também crescem. Há uma relação semelhante à que observamos no Gráfico 68. Além disso, da mesma forma que ocorre com o desempenho, há desigualdade racial dentro de cada estrato de renda domiciliar, e essa desigualdade é maior entre os mais pobres do que entre os mais ricos.

Gráfico 69 – Taxas de transição para o ensino superior
(por faixa de renda e raça/cor)

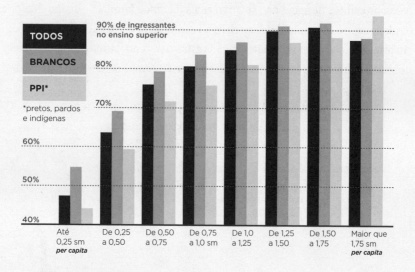

Fonte: Censo da Educação Superior 2012-2016
e Enem (Exame Nacional do Ensino Médio) 2011-2015.

Finalmente, o Gráfico 70 apresenta a relação entre notas, estratos de renda e raça. Nesse gráfico, apresentamos a proporção de alunos que entraram no ensino superior em cada décimo de desempenho – ordenados do menor (1) ao maior (10) – para três estratos selecionados de renda domiciliar *per capita*: o mais baixo (rendimentos entre 0,00 e 0,25 salário mínimo *per capita*), o intermediário (entre 0,75 e 1,00 salário mínimo *per capita*) e o mais elevado (acima de 1,75 salário mínimo *per capita*). Essas taxas de acesso são desagregadas também por cor/raça.

Os resultados mostram a associação entre renda, nota do Enem e matrícula no ensino superior no país. Estudantes no mesmo estrato de desempenho têm taxas de entrada no ensino superior muito distintas, dependendo de sua renda familiar. Ainda sem levar em conta a cor/raça, os dados indicam a intensidade da desigualdade entre os polos da distribuição de renda: entre os estudantes mais pobres, a transição para o ensino superior tem grande variação entre os estratos de desempenho, indo de 27% entre pobres com desempenho baixo a 78% entre estudantes de mesmo desempenho porém ricos. A leitura do gráfico da esquerda para a direita mostra que o desempenho pouco influencia a probabilidade de estudantes ricos entrarem no ensino superior, enquanto estudantes pobres dependem muito mais do desempenho para o acesso. A ilustração aponta que, em todos os níveis de desempenho (com exceção do último), há diferenças na probabilidade de transição para o ensino superior entre os estratos de renda.

No que diz respeito às disparidades raciais, vemos que a associação entre renda e ingresso no ensino superior é diferente entre os grupos raciais em cada nível de desempenho. Estudantes brancos, com a mesma renda e o mesmo desempenho que estudantes PPI, têm taxas significativamente mais altas de entrada no ensino superior. Isso sugere que há desigualdade racial independentemente do nível de renda e do desempenho dos estudantes.

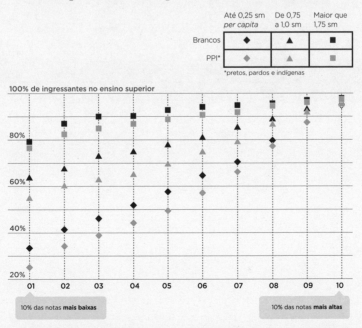

Gráfico 70 – Taxas de transição para o ensino superior e desempenho no Enem (por faixa de renda e raça/cor)

Fonte: Censo da Educação Superior 2012-2016 e Enem (Exame Nacional do Ensino Médio) 2011-2015.

Esses resultados ilustram padrões evidentes na associação entre desempenho e oportunidades educacionais. Estudantes ricos de baixo desempenho entram no ensino superior, mas não pela via do competitivo ensino público. Sua renda lhes garante a alternativa de compra de uma oportunidade no mercado educacional. O sistema público de ensino é altamente competitivo, e estudantes com baixo desempenho não conseguem competir por essas vagas. Os estudantes mais ricos de baixo desempenho podem pagar por vagas no sistema privado, ao passo que os mais pobres não têm o mesmo privilégio.

Para acessarem o ensino superior, os estudantes provenientes de famílias com renda baixa – e, mais ainda, os negros e indígenas – dependerão de desempenhos excepcionalmente altos nas provas de seleção. Além de terem menos chances de obter notas altas, ainda se encontram desprovidos de privilégios socioeconômicos que lhes permitam garantir sucesso sem uma dose tão elevada de esforço. Logo, se há meritocracia no acesso à graduação no Brasil, ela existe para premiar – mas, principalmente, para punir – o desempenho dos mais pobres e dos pretos, pardos e indígenas.

O que os Estados Unidos têm a aprender com as ações afirmativas no Brasil?[1]

Erich Dietrich

No início dos debates sobre as cotas no Brasil, os críticos alegaram que a ação afirmativa era uma importação dos Estados Unidos. Felizmente, o Brasil não imitou nosso sistema. Na verdade, a ação afirmativa no Brasil é mais ambiciosa, transparente e impactante que o exemplo norte-americano.

As medidas no Brasil estão ancoradas em políticas de cotas, tanto que o termo se tornou sinônimo de ação afirmativa. Nos Estados Unidos, "cota" é uma prática estritamente proibida. As cotas foram declaradas inconstitucionais pelo nosso Supremo Tribunal Federal, o que diz mais sobre as limitações de nossa Constituição do que sobre as necessidades de nosso ensino superior. Na medida em que as cotas no Brasil são baseadas tanto em classe social quanto em raça, elas são fundamentadas em uma lógica de justiça social com vistas a promover a mobilidade social, enquadramento que hoje está em crise no ensino superior norte-americano.

A ação afirmativa foi introduzida nos Estados Unidos na década de 1960 sob os presidentes John F. Kennedy e Lyndon Johnson, no auge do movimento pelos direitos civis, uma época de grande progresso social em muitas frentes. Durante esse período, ordens executivas presidenciais e atos do Congresso não apenas ratificaram ações afirmativas para mulheres e pessoas de cor no trabalho e na educação, mas também reformaram os direitos de voto, proibiram a segregação e a discriminação em instalações públicas e, mais importante, revisaram nossas leis de imigração.

---

[1] Originalmente publicado em: https://pp.nexojornal.com.br/opiniao/2022/03/25/acoes-afirmativas-no-brasil-nao-sao-uma-importacao-dos-estados-unidos.

A Lei de Imigração e Nacionalidade, de 1965, reabriu nossas fronteiras para pessoas do sul e do leste da Europa, da Ásia, da América do Sul e da África, após um período de exclusão de 41 anos, com base na Lei de Origens Nacionais, de 1924. Essa lei foi projetada para "preservar o tipo racial" da América como um país branco, limitando severamente a imigração de todos os lugares, exceto da Escandinávia, da Grã-Bretanha e da Alemanha. Naquela época, pessoas de Portugal, Itália, Espanha, Grécia e do resto da Europa Oriental e Meridional não eram consideradas brancas nos Estados Unidos, dominados pelos anglo-saxões protestantes. À medida que os Estados Unidos se abriam para mais pessoas "não brancas", o ensino superior precisava fazer o mesmo.

Por cerca de 15 anos, as ações afirmativas no ensino superior dos Estados Unidos gradualmente abriram as portas para os negros norte-americanos. Foram adotadas voluntariamente pelas instituições de ensino superior por uma questão de justiça racial e social depois de anos de discriminação e exclusão. Entretanto, no final da década de 1970, Ronald Reagan tornou-se governador da Califórnia e liderou um ataque conservador a uma ampla gama de políticas progressistas da década de 1960.

Reagan eliminou as mensalidades gratuitas no ensino superior público da Califórnia. Outrora gratuitas, todas as faculdades e universidades estaduais californianas cobram taxas que giram em torno de US$ 13.804 por ano para residentes e US$ 44.830 por ano para não residentes. Em 1978, um desafio às ações afirmativas foi trazido por Allan Bakke, um homem branco que se candidatou à Faculdade de Medicina da Universidade da Califórnia em Davis, onde 16 das 100 vagas eram reservadas para estudantes não brancos. A Suprema Corte dos Estados Unidos considerou essa cota inconstitucional com base na 14ª Emenda da Constituição, que garante "igual proteção das leis". Allan Bakke alegou que não recebeu a mesma proteção que uma pessoa não branca, e a Suprema Corte concordou com ele.

A Constituição dos Estados Unidos é um documento da era do iluminismo que entrou em vigor em 1789. Infelizmente, isso significa que, embora tenha fortes proteções para os cidadãos, não é um documento de direitos humanos da mesma forma que constituições mais recentes, como a brasileira. A 14ª Emenda foi ratificada em 1868, logo após a nossa Guerra Civil, para fornecer proteção igual aos negros recém-libertados da escravidão. No final do século XX e início do XXI, no entanto, os norte-americanos brancos usaram essa cláusula para se opor a qualquer legislação ou política promulgada para oferecer oportunidades a norte-americanos não brancos.

Na Índia, a ação afirmativa é conhecida como "política de reserva", porque os assentos são reservados para estudantes das *scheduled castes and scheduled tribes* (certas castas e tribos), e essas políticas foram escritas em sua primeira Constituição, em 1947. A Constituição indiana também fornece proteção igual sob a lei e uma proibição de discriminação baseada em religião, raça, casta, sexo ou local de nascimento, mas com a ressalva criticamente importante de que a proteção igualitária leva em consideração a realidade social da desigualdade e permite que as leis tratem tais desigualdades. O Supremo Tribunal Federal brasileiro fez o mesmo ao defender a constitucionalidade da Lei n.º 12.711/2012, a Lei de Cotas.

Com as cotas proibidas nos Estados Unidos, avaliações quantitativas da eficácia das ações afirmativas são virtualmente impossíveis. Essa situação é agravada pela natureza opaca das admissões universitárias, em que o dossiê de um candidato é submetido a uma "revisão holística" por funcionários com base em notas do ensino médio, notas de testes, redações, cartas de referência e listas de atividades extracurriculares. Em nosso sistema, é impossível saber por que um candidato é admitido e outro não, segredo bem guardado pelas instituições, cujo interesse é resguardar sua autonomia em todas as tomadas de decisão.

Por sua vez, não sabemos quais candidatos se beneficiaram da ação afirmativa, tornando quase impossível avaliar resultados empíricos rigorosos do seu impacto nos Estados Unidos. Felizmente para o Brasil, essas pesquisas estão sendo produzidas por acadêmicos renomados do Consórcio de Acompanhamento das Ações Afirmativas e outras iniciativas similares. Com a avaliação de resultados fora da mesa, os norte-americanos são obrigados a debater a ação afirmativa mais como um conceito jurídico do que como uma política educacional e de mobilidade social. Por isso, o destino da ação afirmativa nos Estados Unidos está mais em nosso sistema judicial do que no sistema educacional.

Mas e a mobilidade social? As políticas neoliberais iniciadas por Ronald Reagan e outros conservadores na década de 1970 produziram uma situação no sistema de ensino superior dos Estados Unidos em que as mensalidades, mesmo em instituições públicas, estão entre as mais altas do mundo. Como nossos governos estaduais diminuíram o financiamento para o ensino superior, as universidades são forçadas a buscar mais estudantes que possam pagar mensalidades, espremendo estudantes de baixa renda, incluindo estudantes de cor que têm renda familiar média mais baixa do que os estudantes brancos.

Apenas 4% dos estudantes de Harvard ou Stanford são de baixa renda, e as taxas de conclusão da faculdade para eles estão caindo rapidamente. Nas universidades Ivy Plus (que somam instituições de excelência da Ivy League mais MIT, Stanford, Chicago e Duke), uma proporção maior de alunos matriculados está no 1% superior dos rendimentos (14,5%) do que nos 50% inferiores (13,5%). Nesse contexto, estudantes de cor estão sendo expulsos do ensino superior, e nossas políticas de ação afirmativa estão tendo apenas um impacto marginal. Como não temos cotas ou mesmo metas ou objetivos explícitos para ação afirmativa nos Estados Unidos, as universidades podem fazer o que for de seu interesse, e não o da sociedade. Isso tudo faz com que elas deixem de ser políticas de mobilidade social.

Até a pandemia de covid-19, eu levava grupos de estudantes de pós-graduação dos Estados Unidos ao Brasil todos os anos para aprender sobre as ambiciosas e transformadoras políticas de ação afirmativa no Brasil. Felizmente, retornamos em 2022. No Brasil, meus alunos se inspiram e suas mentes se abrem para novas possibilidades de como a ação afirmativa nos Estados Unidos pode ser mais forte e eficaz. Embora nossas políticas possam não mudar tão cedo, liberar nossa imaginação é o primeiro passo para a mudança. Temos de agradecer ao Brasil por isso.

Agradecimentos

Um trabalho dessa envergadura não se realiza sem a colaboração, o apoio e a dedicação de muitas pessoas e instituições. Agradecemos a todas as universidades partícipes do Consórcio de Acompanhamento das Ações Afirmativas, representadas por seus grupos de pesquisa. Esses grupos são liderados por professores que formam novos pesquisadores, e estes, como bolsistas e assistentes, participaram ativamente da produção e da sistematização dos dados. Um agradecimento especial ao Instituto de Estudos Sociais e Políticos da Universidade do Estado do Rio de Janeiro (Iesp-Uerj) e ao Centro Brasileiro de Análise e Planejamento (Cebrap), pelo apoio institucional e de gestão do consórcio.

Além dos grupos coordenadores, participaram do consórcio a Comvest da Unicamp, o Programa A Cor da Bahia, da UFBA; o Núcleo de Pesquisa Flora Tristán, da UnB; o Laboratório de Estudos sobre Diferença, Desigualdade e Estratificação (Ledde), da UFRJ; e o Grupo de Estudos Sociais sobre Educação Superior (GEES), da UFMG. Cada uma dessas instituições possuía coordenadores locais, os quais também gostaríamos de nomear e agradecer: Ana Maria F. de Almeida e José Alves de Freitas Neto (Unicamp), Paula Barreto e Edilza Sotero (UFBA), Carlos Machado e Joaze Bernardino (UnB), Ana Paula Karruz (UFMG), Felícia Picanço (UFRJ) e Marcelo Tragtenberg (UFSC).

O apoio recebido pela Fundação Ford, pela Fundação Tide Setubal, pelo Instituto Ibirapitanga e pela Open Society Foundations foi o que viabilizou a construção do consórcio. Agradecemos aos representantes dessas instituições não apenas pelo aporte financeiro, mas também pela confiança e pelo estímulo que recebemos ao longo desse processo.

A parceria com o Nexo Políticas Públicas foi essencial para que o consórcio tivesse a repercussão que teve, contribuindo para o fortalecimento do debate público sobre as ações afirmativas e seu impacto na vida dos estudantes do país.

Por meio dessa parceria, foi agraciado com o Prêmio de Divulgação Científica em Ciências Sociais de 2022 da Associação Nacional de Pós-Graduação e Pesquisa em Ciências Sociais (Anpocs), a quem agradecemos o incentivo.

Recebemos com muita alegria o convite de Nilma Lino Gomes para que o livro do consórcio integrasse a Coleção Cultura Negra e Identidades. No trabalho de editoração, Juliana Leitão e Antonio Tiburcio ajudaram a organizar e revisar os textos reunidos, e Diogo Lyra revisou o prefácio e a introdução.

Sobre as autoras e os autores

Adriano Souza Senkevics

Técnico de planejamento e pesquisa no Instituto de Pesquisa Econômica Aplicada (Ipea), doutor e mestre em Educação pela Universidade de São Paulo (USP) e especialista em Gestão de Políticas Públicas em Gênero e Raça pela Universidade de Brasília (UnB). Vencedor do Prêmio Capes de Tese em Educação e do Grande Prêmio Capes de Tese das Humanidades em 2022. Foi pesquisador do Instituto Nacional de Estudos e Pesquisas Educacionais Anísio Teixeira (Inep) durante dez anos.

Ana Maria F. Almeida

Professora titular da Universidade Estadual de Campinas (Unicamp), desenvolve pesquisas sobre as desigualdades estruturais no sistema educacional brasileiro e coordena o Grupo de Pesquisas sobre Educação, Instituições e Desigualdades (Focus). É doutora em Educação pela mesma universidade e já atuou como professora e pesquisadora visitante em instituições acadêmicas na Europa, América do Norte e América do Sul. É membra da Academia de Ciências do Estado de São Paulo.

Ana Miraglia

Mestra em Antropologia Social e bacharela em Ciências Sociais pela Universidade de São Paulo (USP), com especialização em Gestão Pública. Atuou no terceiro setor, na área ambiental, e por oito anos integrou a administração municipal da cidade de São Paulo. É editora do Nexo Políticas Públicas.

Ana Paula Karruz

Professora adjunta do Departamento de Ciência Política da Universidade Federal de Minas Gerais (UFMG). É graduada em Ciências Econômicas pela Universidade de São Paulo (USP), mestra em Administração Pública e Governo pela Fundação Getulio Vargas (FGV-SP), doutora em Políticas Públicas e Administração Pública pela Universidade George Washington e pós-doutora em Ciência Política pela UFMG. Atua principalmente nas áreas de metodologia de pesquisa e avaliação de políticas públicas.

Andréa Lopes da Costa

Socióloga e professora titular na Escola de Ciência Política da Universidade Federal do Estado do Rio de Janeiro (Unirio). Integra os Programas de Pós-Graduação em Memória Social (PPGMS-Unirio) e em Ciência Política (PPGCP-Unirio). Coordena o Grupo PET-Ação Afirmativa e as pesquisas: "Ação afirmativa e ensino superior: os impactos dos processos de educação sobre perspectivas de seleção, acesso e inclusão"; "Avaliação das políticas sociais orientadas para a inclusão no ensino superior" e "Identidade e ação afirmativa: apropriação da narrativa e reconstrução da memória na contemporaneidade".

Anna Venturini

Doutora em Ciência Política pelo Instituto de Estudos Sociais e Políticos da Universidade do Estado do Rio de Janeiro (Iesp-Uerj), com tese vencedora do Prêmio de Melhor Tese de 2019, mestra e bacharela em Direito pela Universidade de São Paulo (USP). Realizou pós--doutorado no Programa Internacional de Pós-Doutorado (IPP-Cebrap) e no Departamento de Sociologia da USP. Fundadora do Observatório de Ações Afirmativas na Pós-graduação (OBAAP), atualmente é diretora de Programa no Ministério da Gestão e da Inovação em Serviços Públicos (MGI). Em 2023, atuou como diretora de Ações Afirmativas no Ministério da Igualdade Racial. Foi pesquisadora visitante na Universidade Harvard e na SciencesPo, além de ter coordenado pesquisas em instituições como o Núcleo de Pesquisa e Formação em Raça, Gênero e Justiça Racial do Centro Brasileiro de Análise e Planejamento (Afro Cebrap), Centro de Análise da Liberdade e do Autoritarismo (LAUT) e Grupo de Estudos Multidisciplinares da Ação Afirmativa (Gemaa).

Antonio Fernando Boing

Professor do Departamento de Saúde Pública e dos cursos de mestrado e doutorado do Programa de Pós-graduação em Saúde Coletiva da Universidade Federal de Santa Catarina (PPGSC-UFSC). Atua na área de Saúde Coletiva e tem como principais linhas de pesquisa o estudo dos determinantes sociais em saúde. É bolsista de Produtividade em Pesquisa do CNPq desde 2013, foi vice-presidente da Associação Brasileira de Saúde Coletiva (ABRASCO) e é editor-chefe da *Revista Brasileira de Epidemiologia*.

Bréscia França Nonato

Graduada em Pedagogia, é professora da Faculdade de Educação da Universidade Federal de Minas Gerais (FaE-UFMG) e líder do Grupo de Estudos sobre Educação Superior (GEES). Atua como diretora de Inovação e Metodologias de Ensino da Pró-Reitoria de Graduação da UFMG (2022-2026). Leciona Sociologia da Educação e disciplinas correlatas. Suas pesquisas concentram-se na sociologia do ensino superior em diálogo com a didática, com foco em desigualdades educacionais, políticas de ações afirmativas, formação e condições docentes, além da escolarização das juventudes universitárias.

Caio Vinicius dos Santos Silva

Doutorando em Educação pela Faculdade de Educação da Universidade Federal da Bahia (FACED-UFBA). É mestre em Educação (2021), licenciado em Pedagogia (2018) pela mesma instituição. Integra o Grupo de Pesquisa Política e Gestão da Educação da FACED. Suas pesquisas investigam as relações raciais no Brasil, com ênfase nas políticas de cotas no ensino superior, abordando temas como acesso estudantil, desempenho acadêmico e o processo de heteroidentificação, com foco no fortalecimento das ações afirmativas.

Carlos Antônio Costa Ribeiro

Professor titular de Sociologia do Instituto de Estudos Sociais e Políticos da Universidade do Estado do Rio de Janeiro (Iesp-Uerj). Seu principal tema de pesquisa são os determinantes da desigualdade de oportunidades econômicas ao longo dos ciclos de vida e entre gerações. Nesse sentido, estudou temas como mobilidade social e intergeracional, desigualdade de oportunidades educacionais, classes sociais, desigualdades raciais, mercados de casamento, transições para a vida adulta, criminalidade e justiça.

Chantal Medaets

É professora de Antropologia na Faculdade de Educação da Universidade Estadual de Campinas (Unicamp), onde coordena o Centro de Antropologia e Processos Educativos (CeAPE). Pesquisou sobre infâncias indígenas e ribeirinhas e formas de socialização na região do Baixo Tapajós (Pará). Atualmente, investiga diferentes aspectos da presença indígena no ensino superior no Brasil, combinando trabalho de campo etnográfico na Unicamp com a análise de políticas educacionais interculturais.

Claudia Monteiro Fernandes

Doutora e mestra em Sociologia, especialista e bacharela em Ciências Econômicas pela Universidade Federal da Bahia (UFBA). É professora licenciada em Sociologia e pesquisadora do Observatório das Metrópoles (INCT), do Programa A Cor da Bahia (UFBA) e do Grupo Periféricas (UFBA). Atuou como diretora na Secretaria da Educação e na Secretaria de Planejamento do Estado da Bahia (Seplan), além de ter sido oficial de monitoramento e avaliação do Fundo das Nações Unidas para a Infância (UNICEF) no Brasil e tecnologista do Instituto Brasileiro de Geografia e Estatística (IBGE). Trabalha com desigualdades raciais e de gênero e políticas sociais.

Cláudio Marques Martins Nogueira

Graduado em Ciências Sociais, mestre em Sociologia e doutor em Educação pela Universidade Federal de Minas Gerais (UFMG). É professor titular de Sociologia da Educação da mesma instituição. Foi, durante vinte anos, pesquisador e membro da equipe de coordenação do Observatório Sociológico Família-Escola (OSFE). Atualmente, integra o Grupo de Estudos sobre Educação Superior (GEES).

Daniela Santa Izabel

Mestra em Sociologia e Antropologia pela Universidade Federal do Rio de Janeiro (UFRJ), com pesquisa focada nos egressos cotistas das universidades federais. Bacharela em Ciências Sociais pela mesma instituição, dedica-se ao estudo de políticas públicas, relações étnico-raciais e desigualdades no mercado de trabalho. Atualmente, integra o Laboratório de Estudos sobre Diferença, Desigualdade e Estratificação (Ledde) e atua no terceiro setor, com impacto social, realizando monitoramento e avaliação de projetos sociais.

Edilza Correia Sotero

Professora adjunta da Universidade Federal da Bahia (UFBA) e pesquisadora do Programa A Cor da Bahia, da mesma instituição. Foi pesquisadora visitante no Department of Africana Studies da Universidade da Pensilvânia (2023). Possui mestrado e doutorado em Sociologia pela Universidade de São Paulo (USP); e pós-doutorado na Universidade Brown e na Universidade Federal Fluminense (UFF). Pesquisa e publica sobre diáspora africana, relações raciais e de gênero, com foco em identidades raciais, organização política, desigualdades e políticas públicas.

Erich Dietrich

Professor de ensino superior internacional na Universidade de Nova Iorque (NYU). Sua pesquisa se concentra na equidade do acesso ao ensino superior e em políticas de ação afirmativa em um contexto comparativo e internacional. Recebeu dois Prêmios Fulbright (Índia, 2016, e Etiópia, 2024) e é codiretor do projeto de pesquisa "Study Away and Global Education" (SAGE) na NYU. Atualmente, ocupa o cargo de vice-reitor de educação de graduação na NYU Abu Dhabi.

Felícia Picanço

Doutora em Sociologia pelo Instituto Universitário de Pesquisas do Rio de Janeiro (IUPERJ) e professora do Departamento de Sociologia e do Programa de Pós-graduação em Sociologia e Antropologia da Universidade Federal do Rio de Janeiro (PPGSA-UFRJ), onde também coordena o Laboratório de Estudos sobre Diferenças, Desigualdades e Estratificação (Ledde). Dedica-se aos estudos de diferentes dimensões das desigualdades de gênero e raça, especialmente no acesso à educação, na inserção no mercado de trabalho e no trabalho doméstico e de cuidados remunerado e não remunerado.

Fernanda Gonçalves

Mestra em Sociologia pelo Instituto de Estudos Sociais e Políticos da Universidade do Estado do Rio de Janeiro (Iesp-Uerj), bacharela em Engenharia de Produção pela Universidade do Estado do Rio de Janeiro (Uerj) e técnica em Controle Ambiental pelo Instituto Federal de Ciência e Tecnologia do Rio de Janeiro (IFRJ). Foi pesquisadora no Grupo de Estudos Multidisciplinar da Ação Afirmativa (Gemaa) e no Centro para o Estudo da Riqueza e da Estratificação Social (CERES). Vencedora do 1º lugar na categoria Mestrado em Ciências Humanas da 2ª edição do Prêmio Elisa Frota Pessoa, com artigo adaptado de sua dissertação. Atua em pesquisas de monitoramento e avaliação de programas sociais no terceiro setor.

Filipe de Oliveira Peixoto

Mestre e doutor em Sociologia pelo Instituto de Estudos Sociais e Políticos da Universidade do Estado do Rio de Janeiro (Iesp-Uerj). Seus interesses de pesquisa abrangem educação, ensino superior, ensino técnico, desigualdades sociais, mobilidade social e desigualdades espaciais. Durante o mestrado, foi bolsista do programa Bolsa Nota 10 da Fundação Carlos Chagas Filho de Amparo à Pesquisa do Estado do Rio de Janeiro (FAPERJ). No doutorado, desenvolveu estudos sobre a interiorização do ensino superior no Brasil, com formação complementar em Metodologia pela Universidade Estadual de Campinas (Unicamp) e pela Infrastructure and Research for Social Sciences (GESIS), na Alemanha. Atualmente trabalha como analista de educação no Senac Minas.

Flávia Longo

Socióloga, mestra e doutora em Demografia pela Universidade Estadual de Campinas (Unicamp). É pós-doutora em Educação pela Universidade de São Paulo (USP) e pesquisadora associada ao Centro de Antropologia de Processos Educativos (CeAPE). Tem experiência em análise de dados quantitativos e qualitativos para políticas públicas em educação básica e no ensino superior.

Flavio Carvalhaes

É professor do Departamento de Sociologia do Instituto de Filosofia e Ciências Sociais da Universidade Federal do Rio de Janeiro (IFCS-UFRJ), onde também coordena o Núcleo Interdisciplinar de Estudos sobre a Desigualdade (NIED). Suas pesquisas se concentram em temas relativos à desigualdade social, estratificação educacional com foco no ensino superior brasileiro, sua oferta, acesso, permanência e conexão com o mercado de trabalho.

Flora de Paula Maia

Mestra em Ciência Política, na linha de pesquisa de Estado, Gestão e Políticas Públicas, pelo Departamento de Ciência Política da Universidade Federal de Minas Gerais (UFMG) e bacharela em Gestão Pública pela mesma instituição. Atualmente, é coordenadora de Redes Formativas em Arte e Cultura, uma iniciativa da Secretaria de Formação, Livro e Leitura do Ministério da Cultura.

Gustavo Bruno de Paula

Professor de Sociologia na Universidade de São Paulo (USP), campus de Ribeirão Preto. É sociólogo formado pela Universidade Federal de Minas Gerais (UFMG), mestre e doutor em Educação pela mesma instituição. Realizou período de estudos na Faculdade Latino-Americana de Ciências Sociais (FLACSO), na Argentina, durante o mestrado, e na Universidade de Toronto, como doutorando e pesquisador visitante no Laboratório de Dados, Equidade e Política na Educação (DEPE Lab), vinculado ao Instituto de Estudos em Educação de Ontário (OISE). Atua na área de Sociologia da Educação, com foco nas múltiplas dimensões da relação entre desigualdades sociais e escolares.

Izabele Sá

Graduanda em Produção Audiovisual na Universidade Estácio de Sá (Unesa), é integrante do Grupo de Estudos Multidisciplinares da Ação Afirmativa (Gemaa) desde 2019 e, nesse período, colaborou com diversos projetos como assistente de pesquisa. Hoje atua como pesquisadora associada, trabalhando em pesquisas como diversidade na mídia impressa brasileira e levantamento das ações afirmativas nas universidades federais e estaduais. Além disso, gerencia as mídias sociais do grupo.

Jefferson Belarmino de Freitas

Doutor em Sociologia pelo Instituto de Estudos Sociais e Políticos da Universidade do Estado do Rio de Janeiro (Iesp-Uerj) e pesquisador associado ao Grupo de Estudos Multidisciplinares da Ação Afirmativa (Gemaa), com o qual desenvolve diferentes estudos relacionados às ações afirmativas. Sua principal área de pesquisa é a Sociologia das Relações Raciais, a qual, em alguns projetos, dialoga com a Sociologia do Trabalho e a Sociologia das Migrações. Entre outras atribuições, fez pós-doutorado na Universidade de Illinois e foi professor visitante na Universidade Estadual da Pensilvânia.

João Feres Júnior

Professor titular de Ciência Política do Instituto de Estudos Sociais e Políticos da Universidade do Estado do Rio de Janeiro (Iesp-Uerj), é coordenador do Grupo de Estudos

Multidisciplinares da Ação Afirmativa (Gemaa), em que desenvolve pesquisas sobre desigualdades raciais e de gênero e políticas públicas, e do Laboratório de Estudos da Mídia e Esfera Pública (LEMEP), núcleo dedicado ao estudo da comunicação e do comportamento político. Pioneiro no estudo das ações afirmativa, tem inúmeras publicações sobre o tema e assuntos correlatos.

Joaze Bernardino-Costa

Doutor em Sociologia pela Universidade de Brasília (UnB), é professor do Departamento de Sociologia da mesma instituição. Possui diversas publicações no Brasil e exterior, entre elas, destacam-se os seguintes livros: *Saberes subalternos e decolonialidade: os sindicatos das trabalhadoras domésticas no Brasil* (Editora da UnB, 2015); *Decolonialidade e pensamento afrodiaspórico* (Editora Autêntica, 2018); e *Futures of Anti-Racism: Paradoxes of Deracialization in Brazil, South Africa, Sweden, and the UK* (Palgrave Macmillan, 2023).

José Alves de Freitas Neto

Professor titular de História da América na Universidade Estadual de Campinas (Unicamp) e diretor da Comissão Permanente para os Vestibulares (Comvest). Foi presidente do grupo de trabalho (GT) que criou as cotas e o vestibular indígena na Unicamp. Suas pesquisas se concentram nas áreas de cultura, política e intelectuais na América Latina, além de políticas de acesso ao ensino superior e de História. Entre suas publicações, destaca-se *Percorrendo o vazio: intelectuais e a construção da Argentina no século XIX* (Intermeios, 2021).

José Maurício Arruti

Professor do Departamento de Antropologia da Universidade Estadual de Campinas (Unicamp) e pesquisador do Centro Brasileiro de Análise e Planejamento (Cebrap). É graduado em História pela Universidade Federal Fluminense (UFF), mestre e doutor em Antropologia Social também pela UFRJ. Tem pesquisas com comunidades quilombolas e povos indígenas sobre temas como território, memória, educação e direitos. Foi professor do Departamento de Educação da Pontifícia Universidade Católica do Rio de Janeiro (PUC-Rio) entre 2007 e 2011. Na Unicamp, dirige o programa Memória e Patrimônio, da Diretoria Executiva de Direitos Humanos, e o Centro de Estudos Rurais (CERES), onde coordena o Laboratório de Pesquisa e Extensão com Povos Tradicionais, Ameríndias e Afro-americanas (LaPPA).

Júlia Hirschle

Mestra e doutoranda em Ciência Política pelo Instituto de Estudos Sociais e Políticos da Universidade do Estado do Rio de Janeiro (Iesp-Uerj). No âmbito acadêmico, estuda democracia, representação política e desigualdades de gênero e raça. Atualmente, trabalha como analista de pesquisa e avaliação sênior na Fundação Roberto Marinho, onde desenvolve pesquisas sobre educação e mundo do trabalho, rotinas de análise de dados, monitoramento e avaliação de projetos sociais e políticas públicas.

Juliana Flor

Mestranda em Sociologia pelo Instituto de Estudos Sociais e Políticos da Universidade do Estado do Rio de Janeiro (Iesp-Uerj) e bacharela em Ciências Sociais pela Universidade

Federal do Rio de Janeiro (UFRJ). É pesquisadora no Grupo de Estudos Multidisciplinares da Ação Afirmativa (Gemaa), vinculado ao Iesp-Uerj. Entre seus interesses de pesquisa, destacam-se as temáticas sobre: representação de gênero e raça no audiovisual; ações afirmativas no ensino superior; gênero, sexualidade e saúde; territorialidade e acesso à saúde.

Juliana Marques

Doutoranda em Ciência Política pelo Instituto de Estudos Sociais e Políticos da Universidade do Estado do Rio de Janeiro (Iesp-Uerj), mestra em Gestão Urbana pela Pontifícia Universidade Católica do Paraná (PUCPR) e bacharela em Estatística pela Universidade do Estado do Rio de Janeiro (Uerj). Pesquisa a geografia do voto em disputas legislativas no Brasil, com foco na representação de mulheres negras. Atua como supervisora regional na implementação do projeto PRONASCI Juventude, na cidade do Rio de Janeiro, no contexto do Programa Nacional de Segurança Pública com Cidadania (PRONASCI II).

Luiz Augusto Campos

Professor de Sociologia e Ciência Política no Instituto de Estudos Sociais e Políticos da Universidade do Estado do Rio de Janeiro (Iesp-Uerj). Coordena o Grupo de Estudos Multidisciplinares da Ação Afirmativa (Gemaa) e é editor-chefe da revista *Dados*. É autor e coautor de vários artigos e livros, entre os quais *Ação afirmativa: conceito, história e debates* (EdUERJ, 2018) e *Raça e eleições no Brasil* (Zouk, 2020). Foi pesquisador visitante na Sciences Po de Paris (2014) e na Universidade de Nova Iorque (2020-2021). Atua em pesquisas sobre desigualdades raciais, democracia e cienciometria.

Márcia Lima

Secretária de Políticas de Ações Afirmativas, Combate e Superação do Racismo (SEPAR) do Ministério da Igualdade Racial. É professora do Departamento de Sociologia da Faculdade de Filosofia, Letras e Ciências Humanas da Universidade de São Paulo (FFLCH-USP), onde foi assessora técnica da Pró-Reitoria de Inclusão e Pertencimento (PRIP). Coordenadora do Núcleo de Pesquisa e Formação em Raça, Gênero e Justiça Racial do Centro Brasileiro de Análise e Planejamento (Afro Cebrap), realizou pós-doutorado na Universidade Columbia e foi pesquisadora visitante no Afro-Latin American Research Institute (Alari) na Universidade Harvard.

Marcelo Eduardo Borges

Doutor em Ecologia e Conservação pela Universidade Federal do Paraná (UFPR) e bacharel em Ciências Biológicas pela mesma instituição. Atualmente é bolsista DTI do CNPq, em pesquisa sobre modelagem e análise de dados de saúde pública para subsidiar gestores em tomadas de decisões baseadas em evidências.

Marcelo Henrique Romano Tragtenberg

Professor do Departamento e da Pós-Graduação em Física da Universidade Federal de Santa Catarina (UFSC), além de docente do Mestrado Nacional Profissional em Ensino de Física (MNPEF). É bacharel, licenciado, mestre e doutor em Física pela Universidade de São Paulo (USP), com pós-doutorado realizado na Universidade Oxford. Desenvolve pesquisas nas áreas de sistemas complexos, econofísica, neurociência, cardiologia computacional, ensino de física e ações afirmativas. Integra o Instituto Nacional de Ciência e Tecnologia (INCT) de Inclusão no Ensino Superior, a Cátedra UNESCO de Educação para a Igualdade Racial e a Cátedra UNESCO Antonieta de Barros.

Marianna Assis

É doutoranda em Sociologia pelo Programa de Pós-Graduação em Sociologia e Antropologia da Universidade Federal do Rio de Janeiro (PPGSA-UFRJ), onde também concluiu o mestrado. Possui graduação em Ciências Sociais e Ciências Humanas. Concentra-se no estudo das desigualdades sociais e da estratificação, com foco nas interseccionalidades de raça e gênero. Atua como pesquisadora e integra o Laboratório de Estudos sobre Diferença, Desigualdade e Estratificação (Ledde).

Melina Klitzke

Doutora e mestra em Educação pelo Programa de Pós-Graduação em Educação da Universidade Federal do Rio de Janeiro (PPGE-UFRJ). É pós-doutoranda no Centro de Estudos Sociedade, Universidade e Ciência da Universidade Federal de São Paul (Sou Ciência-Unifesp), com institucionalização no Programa de Pós-Graduação em Sociologia e Antropologia da Universidade Federal do Rio de Janeiro (PPGSA-UFRJ), além de ser pesquisadora do Laboratório de Estudos e Pesquisas em Educação Superior (LEPES) e do Núcleo Interdisciplinar de Estudos sobre Desigualdades (NIED), ambos da UFRJ. Atua na área de sociologia da educação, investigando desigualdades de oportunidades e resultados educacionais, educação superior e fluxo escolar.

Natália Neris

Doutora em Direitos Humanos pela Universidade de São Paulo (USP), mestra em Direito e Desenvolvimento pela Fundação Getulio Vargas (FGV) e bacharela em Gestão de Políticas Públicas também pela Universidade de São Paulo (USP). Atua no ensino, pesquisa e gestão pública e privada nas áreas de políticas públicas, direitos humanos, antirracismo e feminismo, estudos de raça e de gênero, e sexualidades. É pesquisadora do Núcleo de Direito e Democracia do Centro Brasileiro de Análise e Planejamento (NDD-Cebrap) e autora do livro *A voz e a palavra do Movimento Negro na Constituinte de 1988* (2018) e coautora do livro *O corpo é o código: estratégias jurídicas de enfrentamento ao revenge porn* (2016).

Nilma Lino Gomes

Graduada em Pedagogia e mestra em Educação pela Universidade Federal de Minas Gerais (UFMG) e doutora em Antropologia Social pela Universidade de São Paulo (USP). É professora da Faculdade de Educação da UFMG (FaE-UFMG) e integrante da Associação Brasileira de Pesquisadores Negros (ABPN). Em 2013 e 2014, foi reitora da Universidade da Integração Internacional da Lusofonia Afro-brasileira (Unilab) e, em janeiro de 2015, deixou essa função para ser ministra-chefe da Secretaria de Políticas de Promoção da Igualdade Racial da Presidência da República (SEPPIR-PR). Suas publicações incluem desde livros e artigos derivados de pesquisas de campo e destinados ao público universitário até narrativas de ficção voltadas para crianças e jovens.

Paula Miraglia

Fundadora e CEO da Momentum – Journalism & Tech Task Force. É também cofundadora e publisher da *Gama Revista*, além de ter cofundado e dirigido por oito anos o *Nexo Jornal*. Doutora em Antropologia Social pela Universidade de São Paulo (USP), onde também concluiu o mestrado e a graduação em Ciências Sociais. É Sulzberger Fellow pela Universidade Columbia e faz parte dos conselhos do Center for News Technology and Innovation (CNTI), do International Press Institute (IPI), do Instituto de Referência Negra Peregum e da Plataforma Brasileira de Biodiversidade e Serviços Ecossistêmicos (BPBES).

Poema Portela

Mestra em Sociologia pelo Instituto de Estudos Sociais e Políticos da Universidade do Estado do Rio de Janeiro (Iesp-Uerj) e cientista social pela Universidade Federal do Rio de Janeiro (UFRJ), tem uma trajetória dedicada à mudança social. Durante sete anos no Grupo de Estudos Multidisciplinares da Ação Afirmativa (Gemaa), liderou pesquisas que impulsionaram debates sobre ações afirmativas e desigualdades na educação e na mídia. No terceiro setor, fundou uma organização voltada à incidência política baseada em pesquisas participativas. Especialista em Gestão do Conhecimento, com MBA pela UFRJ, hoje atua em estratégia de negócios, promovendo um olhar crítico e sistêmico sobre o mercado brasileiro.

Rafael Pimentel Maia

Professor associado I no Departamento de Estatística da Universidade Estadual de Campinas (Unicamp). Bacharel e mestre em Estatística pela mesma universidade e doutor pela Universidade de Aarhus, na Dinamarca. Atua em modelagem estatística aplicada, com foco em análise de desempenho acadêmico e análise de sobrevivência. É coordenador de pesquisa na Comissão Permanente para os Vestibulares (Comvest) desde 2017, tem ampla experiência em estatística aplicada, modelos de riscos competitivos, inferência estatística e análise de dados educacionais para políticas públicas.

Rosana Heringer

Professora da Faculdade de Educação da Universidade Federal do Rio de Janeiro (FE-UFRJ), onde coordena o Laboratório de Estudos e Pesquisas em Educação Superior (LEPES). Foi pesquisadora visitante na Universidade do Texas em Austin, nos Estados Unidos, como bolsista Fulbright, e diretora do Centro de Estudos Afro-Brasileiros na Universidade Candido Mendes (UCAM). Também atuou como coordenadora da ActionAid Brasil e como pesquisadora da organização Cidadania, Estudo, Pesquisa, Informação e Ação (CEPIA) e do Instituto Brasileiro de Análises Sociais e Econômicas (Ibase). Possui várias publicações sobre desigualdades raciais, políticas de ação afirmativa, acesso e permanência na educação superior.

Thamara Hübler Figueiró

Graduada em Enfermagem com ênfase em saúde pública pela Universidade do Estado de Santa Catarina (UDESC), especialista em Gestão em Saúde, mestra em Ciências Médicas, na área de Doenças do adulto: investigação de aspectos clínicos e epidemiológicos e doutora em Saúde Coletiva na área temática de Epidemiologia do Envelhecimento pela Universidade

Federal de Santa Catarina (UFSC). Tem experiência em estudos epidemiológicos e análise de dados para a área da saúde.

Ursula Mattioli Mello

Doutora e mestra em Economia pela Universidade Carlos III de Madrid e graduada em Economia pela Universidade Federal de Minas Gerais (UFMG). Professora do Insper e pesquisadora afiliada ao Instituto de Análise Econômica (IAE-CSIC) em Barcelona e ao Instituto de Economia do Trabalho (IZA). Suas áreas de pesquisa são economia da educação e do trabalho, com foco em políticas de acesso ao ensino superior, desigualdade e mobilidade intergeracional. Foi professora do Departamento de Economia da Pontifícia Universidade Católica do Rio de Janeiro (PUC-Rio) e pesquisadora do IAE e da Escola de Economia de Barcelona (BSE).

Vivian Nascimento

Bacharela em Ciências Econômicas pela Universidade do Estado do Rio de Janeiro (UERJ), mestra em Políticas Públicas pelo Programa de Pós-Graduação em Ciências Econômicas da Universidade do Estado do Rio de Janeiro (PPGCE-UERJ) e, atualmente, doutoranda pelo mesmo programa de pós-graduação. Dedica-se ao estudo das desigualdades raciais e de gênero no mercado de trabalho e das ações afirmativas no ensino superior.

Yuri Santos de Brito

Baiano, graduado em Ciências Sociais Universidade Federal da Bahia (UFBA), mestre e doutor em Sociologia pela mesma instituição, com trajetória de pesquisa e atuação profissional com as temáticas de racismo, antirracismo e ações afirmativas. Professor efetivo de Sociologia do Instituto Federal de Educação, Ciência e Tecnologia Baiano (IF Baiano), é assessor para Ações Afirmativas e Equidade Racial na Secretaria Executiva do Ministério da Saúde.

Este livro foi composto com tipografia Minion Pro e impresso em papel Off-White 70 g/m² na Formato Artes Gráficas.